구름이네 맛집
일주일이 행복한
만원 반찬

구름이네 맛집
일주일이 행복한
만원 반찬

구름이네 이선영 지음

베가북스
VegaBooks

CONTENTS

프롤로그 · 8
책 활용하기 · 10

PART 0. 요리가 처음이시라고요?
- 구름이네와 함께라면 걱정 NO!

계량하기 · 14
채소 썰기 · 17
기본 육수 만들기 · 20
기본 양념장 만들기 · 21
재료 보관하기 · 22
구름이네 일상 : 묻고 답하기 · 27
식자재 구매하기 : 장보기 노하우 · 28

PART 1. 일주일이 행복한 만원 반찬 12주
- 맛보장 식비절약 일주일 집밥 시작하기

WEEK 1
빨간콩나물무침 · 34
얼큰콩나물국 · 36
두부부침 · 38
부추전 · 40
달걀말이 · 42
오이깍두기 · 44

WEEK 2
가지무침 · 48
분홍소시지부침 · 50
애호박볶음 · 52
애호박전 · 54
어묵볶음 · 56
어묵전 · 58
팽이버섯전 · 60

WEEK 3
콩나물국 · 64
콩나물찜 · 66
두부조림 · 68
감자볶음 · 70
감자조림 · 72
오이냉국 · 74
오이무침 · 76
시금치나물 · 78
시금치전 · 80

WEEK 4

- 무생채 · 84
- 무나물 · 86
- 무조림 · 88
- 부추김치 · 90
- 깻잎찜 · 92
- 양배추초절임 · 94
- 양배추김치 · 96
- 고사리볶음 · 98
- 고사리들깨탕 · 100

WEEK 5

- 미나리무침 · 104
- 부추무침 · 106
- 부추볶음 · 108
- 닭무침 · 110
- 닭조림 · 112
- 가지전 · 114
- 가지소박이 · 116

WEEK 6

- 느타리버섯볶음 · 120
- 오이소박이 · 122
- 양파장아찌 · 124
- 양파볶음 · 126
- 상추나물 · 128
- 상추겉절이 · 130
- 두부까스 · 132
- 마파두부 · 134

WEEK 7

- 알배추전 · 140
- 배추나물 · 142
- 알배추된장국 · 144
- 알배추김치 · 146
- 달걀장조림 · 148
- 팽이버섯대왕달걀말이 · 150
- 팽이버섯겨자무침 · 152
- 대패삼겹살롤 · 154

WEEK 8

- 오징어볶음 · 158
- 새송이버섯전 · 160
- 새송이버섯볶음 · 162
- 새송이버섯조림 · 164
- 게맛살까스 · 166
- 게맛살양파볶음 · 168
- 콩나물겨자무침 · 170
- 콩나물밥 · 172
- 콩나물전 · 174

WEEK 9

- 고등어무조림 · 178
- 시래기된장지짐 · 180
- 시래기된장국 · 182
- 파래무침 · 184
- 파래전 · 186

WEEK 10

미나리달걀말이 · 190
미나리전병 · 192
오이나물 · 194
단호박조림 · 196
단호박볶음 · 198
단호박샐러드 · 200

WEEK 11

마약달걀장 · 204
시금치무침 · 206
시금치덮밥 · 208
분홍소시지감자볶음 · 210
달걀국 · 212
달걀찜 · 214

WEEK 12

바지락볶음 · 218
간장제육볶음 · 220
김치제육볶음 · 222
콩나물무침 · 224
콩나물국밥 · 226
콩나물어묵잡채 · 228
어묵김밥 · 231
빨간어묵볶음 · 234

Special Week 5,000원으로 일주일 반찬 만들기

꽈리고추멸치조림 · 238
꽈리고추찜 · 240
깻잎순조림 · 242
깻잎순볶음 · 244
묵은지참치볶음 · 246

PART 2. 일주일이 든든한 국/찌개 만들기
- 구름이네만의 레시피로 만드는 국/찌개 23가지

어묵국 · 250	해물된장찌개 · 266	청국장 · 282
된장찌개 · 252	소고기미역국 · 268	닭고기미역국 · 284
돼지고기김치찌개 · 254	참치김치찌개 · 270	김치콩나물국 · 286
황태국 · 256	빨간어묵국 · 272	미역오이냉국 · 288
감자국 · 258	홍합탕 · 274	순두부찌개 · 290
배추된장국 · 260	떡만둣국 · 276	고추장찌개 · 293
바지락탕 · 262	갈비탕 · 278	육개장 · 296
오징어뭇국 · 264	소고기뭇국 · 280	

에필로그 · 300

부록 1. 가나다순 INDEX / 재료별 INDEX
부록 2. WEEK 장보기 리스트

☞ 일러두기
- 이 책에 실린 장보기 가격은 시기에 따라 유동적이며, 계절이나 날씨 상황(태풍, 폭우) 등에 따라 달라질 수 있습니다. 또한, 지역별로도 차이가 있을 수 있습니다. 이 점에 유의하시기 바랍니다.
- 이 책에 실린 레시피는 유튜버 '구름이네 일상'의 레시피를 수정하여 삽입한 것입니다. 요리 레시피 또는 주차별 요리 구성이 유튜브 영상과는 조금 차이가 있을 수 있습니다.

프롤로그

주부분들과 자취생 여러분, 주머니 고민, 반찬 고민은 이제 그만!

항상 엄마가 해주는 밥만 먹다가 결혼 후에 스스로 메뉴를 정하고 직접 요리해 먹어야 하다 보니 '오늘은 도대체 뭘 해 먹지? 하는 고민이 많아졌고, '누가 메뉴 좀 정해주면 좋겠네'라는 생각도 하게 되었습니다. 그러다 유튜브를 시작하고 요리 영상을 올리며 어떤 콘텐트를 만들어야 많은 분들이 시청해주실까, 하는 고민도 많이 했습니다.

곰곰 생각하다 문득 예전에 TV에서 방영했었던 「만원의 행복」이라는 프로그램이 떠올랐죠. 곧바로 만원으로 일주일 반찬을 만들어 보아야겠다는 생각이 들었어요. 그동안 내가 했던 고민을 다른 주부님들과 자취생분들도 하겠구나 싶어서 「만원으로 일주일 반찬 만들기」라는 콘텐트를 만들게 되었죠.

또한 제가 요리의 '요'자도 모르던 시절에 블로그 등에서 레시피를 찾아보면 항상 계량저울이나 계량스푼, 계량컵 등으로 계량해서 '몇 g'이라고 적혀있는 게 그 당시 요리 초보였던 저에게는 이해하기 너무나 어려웠습니다.

그래서 이번 책에는 사람들이 일상생활에서도 쉽게 구할 수 있는 도구로 이해하기 쉽게 알려드리기 위해 노력했습니다. 《일주일이 행복한 만원 반찬》을 통해서 모든 주부님들과 자취생분들이 오늘 뭐 먹지에 대한 고민을 덜고 가계 지출도 줄일 수 있기를 바랍니다. 요리 초보분들도 한번 보고 쉽게 따라 만들어 먹을 수 있었으면 좋겠네요.

자, 그럼 이제 마성의 구름이네 레시피를 보러 가보실까요?

구름이네

책 활용하기

Point 1 :: 요리가 너무 어렵다고요? 구름이네와 다시 시작하는 집밥 요리 ::

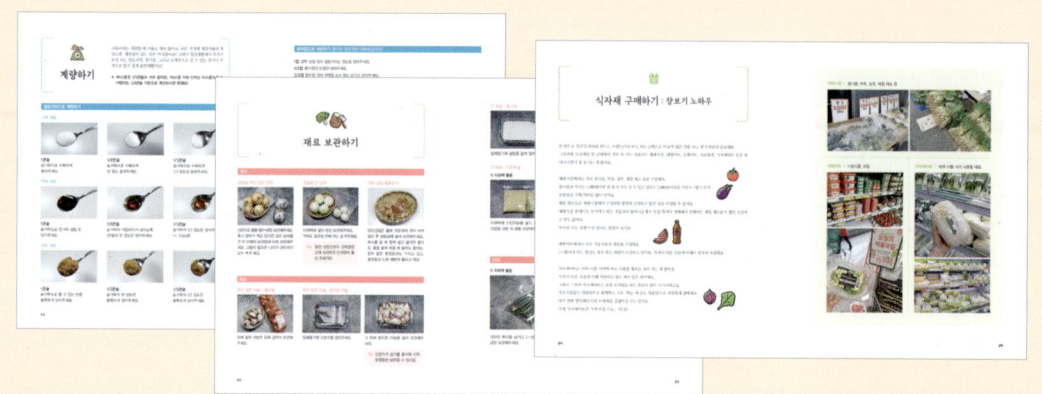

집에서 하기 간편한 계량법부터 써는 법, 기본 육수·양념장 만드는 법, 재료 보관법 등 요알못을 위한 기초 중의 기초를 모두 알 수 있어요! 구름이네만의 장보기 노하우까지 담았어요. 재래시장, 식자재 마트, 대형 마트별 장보기 재료들을 확인하고 알뜰하게 장 보세요!

Point 2 :: 따라만 해도 저절로 식비가 절약되는 일주일 만원 반찬! ::

반찬 걱정, 재료 걱정 끝! 10초만에 일주일 요리를 확인하세요!

주차별 장보기 목록과 재료별 요리를 바로 체크하세요!
재료의 수량, 가격, 그리고 구입처까지 표시했습니다.

유튜브 영상 큐알코드를 수록했어요. 영상으로도 확인해 보세요!

일주일 반찬을 한눈에 확인하세요!

Point 3 :: 오직 구름이네에서만 볼 수 있는 초간단 레시피! "간단한데 맛있다" ::

116가지 레시피! 반찬·국·찌개! 아이들 간식은 물론 어른들 술안주까지!

요리별 난이도, 조리 시간, 보관기간이 표기되어 있어요.

노하우가 가득한 구름이네만의 알짜팁!

요알못도 바로 따라할 수 있을 만큼 사진과 설명이 친절해요!

요리별 주재료가 나와 있어요. 부록과 연계하여 보면 냉장고 정리가 편해져요!

Point 4 :: 반찬만큼 푸짐한 구성! "알뜰 주부를 위한 선물" ::

깔끔한 INDEX와 장보기 리스트로 냉장고 정리와 장보기 시간 절약하기

가나다순 인덱스뿐만 아니라 재료를 기준으로 정리한 재료별 INDEX까지 있어요. 냉장고에 어떤 재료가 남았는지 확인한 뒤에, 쉽게 메뉴를 정하세요! 12주 구성, 116가지 레시피 재료들을 한눈에 빠르게 체크하세요. 장보기 시간이 훨씬 줄어들어요!

구름이네

PART 0. 요리가 처음이라고요?

구름이네와 함께라면 걱정 NO!

계량하기

구름이네는 계량할 때 저울로 재지 않아요. 모든 가정에 계량저울과 계량스푼, 계량컵이 있는 것은 아니잖아요? 그래서 일상생활에서 우리가 흔히 쓰는 밥숟가락, 종이컵, 그리고 눈대중으로 알 수 있는 줌이나 주먹으로 알기 쉽게 표현해봤어요!

※ 1티스푼은 1/3큰술과 거의 같아요. 1티스푼 이하 단위는 티스푼으로 표기했지만, 1/3큰술 기준으로 계산하시면 편해요!

밥숟가락으로 계량하기

가루 재료

1큰술
숟가락으로 수북하게
올려주세요.

1/2큰술
숟가락으로 수북하게
반 정도 올려주세요.

1/3큰술
숟가락으로 수북하게
1/3 정도만 올려주세요.

액체 재료

1큰술
숟가락으로 한가득 넘칠 듯
담아주세요.

1/2큰술
숟가락의 가장자리가 보이도록
1큰술의 반 정도만 담아주세요.

1/3큰술
숟가락의 1/3 정도만 담아주세요.
(≒ 1티스푼)

장류 재료

1큰술
숟가락으로 뜰 수 있는 만큼
볼록하게 담아주세요.

1/2큰술
숟가락의 반 정도만
볼록하게 담아주세요.

1/3큰술
숟가락의 1/3 정도만
볼록하게 담아주세요.

종이컵으로 계량하기 (종이컵 1컵의 양은 200mL입니다.)

1컵 살짝 넘칠 듯이 찰랑거리는 정도로 담아주세요.
1/2컵 종이컵의 반절만 담아주세요.
2/3컵 종이컵 위의 여백을 2cm 정도 남기고 담아주세요.
1/3컵 종이컵의 1/3만큼 담아주세요. (보통 2cm 정도의 높이만 담아주면 돼요)

간장 등

1컵   1/2컵   2/3컵   1/3컵

고춧가루 등

1컵   1/2컵   2/3컵   1/3컵

육수 등

1컵   1/2컵   2/3컵   1/3컵

손으로 계량하기

줌 한 손으로 최대한 잡을 수 있는 만큼을 말해요.
주먹 한 손으로 가볍게 잡는 것을 말해요.

시금치 1줌   멸치 1줌   멸치 1주먹

감자, 양파 크기

※ 책에 실린 감자와 양파는 모두 중간 크기를 사용했습니다.

채소 썰기

채소 써는 방법은 어떤 요리를 만드느냐에 따라서 달라져요. 그리고 어떻게 써느냐에 따라서 요리의 모양새도 달라지는 법이죠. 채소 써는 방법과 그 방법들이 활용되는 요리에 대해서 간단하게 알아보고 넘어가요!

통썰기 : 애호박, 당근

채소 모양 그대로 자르는 것을 말해요.
보통 전을 부치거나 찜 종류(갈비찜, 찜닭 등)의 모양을 낼 때 사용해요.

채썰기 : 양파, 당근

통썰기 한 재료를 일정한 간격으로 채 써는 것을 말해요. 잡채나 무생채 등의 요리를 할 때는 가늘고 길게 채를 썰고, 볶음이나 고명 등에 사용할 때는 개인의 취향에 맞는 두께로 일정하게 채를 썰어주세요.

깍둑썰기 : 무

일정한 두께로 두툼하게 통썰기 한 재료를 큐브 모양으로 자르는 것을 말해요.
보통 깍두기나 카레 등에 활용되곤 해요.

어슷썰기 : 대파

재료를 사선으로 비스듬하게 자르는 것을 말해요.
보통 국이나 찌개, 김치를 담글 때 활용된답니다.

쫑쫑썰기 : 대파, 홍고추

재료의 모양을 살리면서 0.1~0.2cm 정도의 일정한 얇은 두께로 썰어내는 것을 말해요.
대부분의 요리에 많이 활용됩니다.

반달썰기 : 애호박

재료를 세로로 길게 반으로 잘라준 뒤, 단면이 바닥으로 향하게 놓고 일정한 크기로 썰어주세요.
보통 볶음이나 찌개에 활용됩니다.

나박썰기 : 무

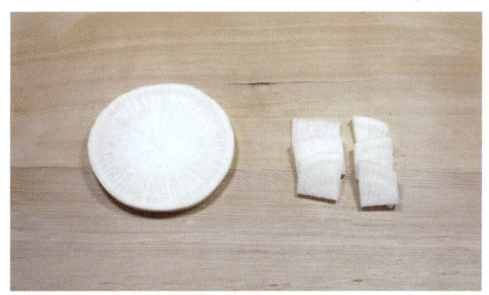

재료를 0.2cm 정도 두께로 통썰기 한 뒤에 재료의 크기에 따라 4~9조각으로 썰어주세요.
보통 뭇국이나 나박김치 등에 활용됩니다.

큼직하게썰기 : 양파, 대파, 당근

재료를 개인의 취향에 맞는 크기로 큼직하게 썰어요.
양파는 보통 반으로 썰어서 여섯 등분하고, 대파는 3cm 정도 길이로 썰어줍니다.
보통 찌개나 볶음, 찜 등의 고명으로 많이 활용됩니다.

편썰기 : 마늘

재료의 모양을 살리면서 얇게 썰어주세요.
보통 볶음 요리의 첫 단계에서 향을 내기 위해서 많이 활용됩니다.

돌려깎기 : 오이

재료를 손가락 길이 정도(약 5cm)로 통썰기 한 뒤 칼로 단단한 부분만 얇게 돌려 깎은 뒤 채썰기 합니다.
보통 구절판이나 아삭한 식감을 살리는 초무침 요리 등에 많이 활용돼요.

채소 다지기 꿀팁

아래 방법대로 하면 일일이 다져줄 필요가 없어서 요리 시간을 단축할 수 있어요!

대파 다지기

대파를 길게 십자(十)모양으로 칼집을 내준 뒤 쫑쫑 썰어주세요.

고추 다지기

고추에 길게 십자(十)모양으로 칼집을 내준 뒤 쫑쫑 썰어주세요.

양파 다지기

양파를 세워 반으로 자른 뒤 단면이 바닥으로 가게 두고, 끝부분을 조금 남기고 촘촘하게 칼집을 내주세요. 그다음 칼집을 낸 반대 방향으로 쫑쫑 썰어주세요.

기본 육수 만들기

기본 육수만 있어도 요리의 맛이 한층 더 업그레이드돼요. 국이나 찌개를 끓일 때도 많이 활용되지만 볶음 요리 등을 할 때 물 대신 육수를 넣으면 감칠맛을 한껏 끌어올릴 수 있어요. 육수 만드는 방법과 보관법을 함께 알려드릴게요.

멸치육수

1 멸치 1주먹과 잘라진 다시마 1~2장을 준비해 주세요.

2 물 1,500ml 정도에 준비한 멸치와 다시마를 넣고 20~30분간 끓여주세요.
만약 30분 이상 육수를 우릴 시에는 다시마는 30분 뒤에 건져주는 게 좋아요. 다시마를 넣고 너무 오래 끓일 경우, 다시마에서 진액이 나와서 육수가 걸쭉해질 수 있기 때문이에요.

활용 멸치육수는 국이나 찌개 등을 끓일 때 많이 활용돼요.

보관 육수를 3~4일 안에 먹으려면 냉장 보관하고, 한 달 정도 놓고 먹으려면 소분하여 냉동 보관 하는 것이 좋습니다.

Tip 1 무, 대파, 양파, 황태머리, 표고버섯, 건새우 등을 넣고 함께 끓이면 더욱 풍성한 맛을 낼 수 있어요.

Tip 2 'Tip 1'에서 말한 재료들을 넣고 끓인 육수에 다진마늘, 간장, 소금을 조금 넣고, 샤브샤브를 해 먹으면 정말 좋아요. 샤브샤브도 소고기, 돼지고기, 버섯, 주꾸미, 낙지 등 여러 가지가 있답니다.

다시마물

찬물에 다시마 1~2장 정도를 담가 30분 정도 우려내주세요.
우려낸 다시마는 건져내고 다시마 물만 사용해주세요.

활용 밥을 지을 때나 특히, 김밥이나 초밥 등을 만들 때 많이 활용돼요.
조림이나 볶음 요리에 물 대신 넣어 감칠맛을 내는 용도로도 많이 쓰입니다.

기본 양념장 만들기

요리의 맛은 양념장의 맛이라고 해도 과언이 아니죠?
구름이네 기본 양념장을 살짝 넉넉하게 만들어놓고 이런저런 요리에
활용해서 시간을 절약해보세요!

간장베이스 만능양념장

간장베이스 만능양념장은 주로 콩나물밥, 꼬막무침, 생선구이양념 등에 활용됩니다.

간장 10큰술, 소주 1큰술, 매실액 1과 1/2 큰술, 다진마늘 1/2큰술, 고춧가루 1과 1/2 큰술, 통깨를 넣고 골고루 섞어주세요.

취향에 맞게 달래, 양파, 대파, 당근, 청양고추, 홍고추 등을 다져서 넣으면 더욱 좋아요.

초고추장 양념

초고추장 양념은 주로 오이무침, 달래무침, 도라지무침 등 새콤하게 먹는 무침 종류에 많이 활용됩니다.

고추장 1/2큰술, 고춧가루 1과 1/2큰술, 간장 1큰술, 식초 1큰술, 다진마늘 1/2큰술, 다진생강 1/2티스푼, 설탕 1/2큰술, 참기름 1/2큰술, 통깨를 넣고 골고루 섞어주세요. 식초의 양은 입맛에 맞게 조절해주세요.

고추장 된장 베이스 양념

고추장 된장 베이스 양념은 주로 나물을 무치는 데 많이 활용됩니다.

고추장 1큰술, 된장 1/3큰술, 고춧가루 1/2 큰술, 매실액 1큰술, 다진마늘 1큰술, 참기름 1큰술, 통깨를 넣고 골고루 섞어주세요. 고추장과 된장의 비율은 입맛에 맞게 조절해주세요.

재료 보관하기

양파

껍질을 까지 않은 양파

신문지로 돌돌 말아 냉장 보관해주세요. 혹시 양파가 썩고 있다면 모든 양파를 깐 뒤 아래의 보관법에 따라 보관해주세요. 그렇지 않으면 나머지 양파까지 모두 썩게 돼요.

껍질을 깐 양파

지퍼백에 넣어 냉장 보관해주세요. 적어도 일주일 안에 먹는 걸 추천해요.

Tip 일반 냉장고보다 김치냉장고에 보관하면 신선함이 훨씬 오래가요.

양파 껍질 활용하기

양파껍질은 물에 깨끗하게 씻어 바싹 말린 후 냉동실에 넣어 보관해주세요. 육수를 낼 때 함께 넣고 끓이면 좋아요. 물을 끓여 먹을 때 넣어도 좋아요. 양파 물은 항암효과도 가지고 있고, 불면증과 노화 예방에 좋다고 해요.

마늘

까지 않은 마늘 : 통마늘

망에 넣어 서늘한 곳에 걸어서 보관해주세요.

까지 않은 마늘 : 분리한 마늘
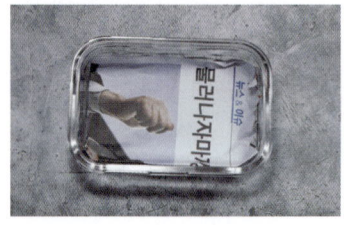
밀폐용기에 신문지를 깔아주세요.

그 위에 분리한 마늘을 넣어 보관해주세요.

Tip 신문지가 습기를 흡수해 더욱 오랫동안 보관할 수 있어요.

깐 마늘 : 통마늘

밀폐용기에 설탕을 얇게 깔아준 뒤, 그 위에 키친타올을 올리고 마늘을 담아서 보관해주세요.

깐 마늘 : 다진마늘

1) 지퍼백 활용   **2) 밀폐용기 활용**   **3) 얼음틀 활용**

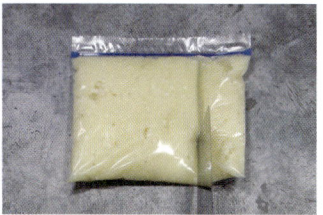  

지퍼백에 다진마늘을 넣고 칼등으로 모양을 내준 뒤 냉동 보관해주세요.

밀폐용기에 소분해서 냉동 보관해주세요.

얼음틀에 넣어 냉동 보관해주세요.

Tip 꼭 뚜껑이 있는 얼음틀을 사용해주세요!

대파

1) 지퍼백 활용   **2) 화분 활용**

대파의 뿌리를 남기고 2~3등분한 뒤, 지퍼백에 넣어서 냉장 보관해주세요.

흙이 담긴 화분에 심어서 보관해주세요.

3) 페트병 활용

페트병 아래 키친타올을 살짝 두껍게 깔고 대파를 넣어주세요.

물을 주면서 보관해주세요.

Tip 가위로 흰색 줄기의 밑부분을 잘라서 사용하면 줄기에서 다시 대파가 자라나 계속 키우면서 먹을 수 있어요.

4) 장기간 보관하기

장기간 보관할 때는 대파를 크기별로 썰어 소분한 뒤에 지퍼백에 넣어 냉동 보관해주세요.

감자

까지 않은 감자

종이박스에 사과와 함께 넣은 뒤 신문지로 덮어서 어둡고 서늘한 곳에 보관해주세요.
감자는 햇빛을 받으면 색이 푸르게 변하게 돼요.

깐 감자

밀폐용기에 감자를 넣고 물과 식초 1큰술을 넣은 다음 냉장 보관해주세요.

Tip 식초는 감자의 맛과 색이 변하는 걸 방지해줘요.

두부

용기에 물과 함께 담아 냉장 보관하고 하루에 한 번씩 물을 갈아주세요.
평균 4~5일 정도 보관할 수 있어요.

시금치

냉장 보관

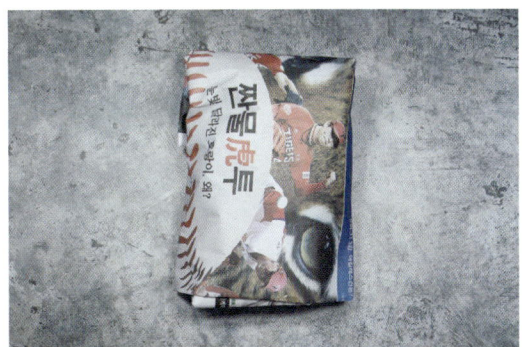

신문지에 감싼 뒤 뿌리 부분이 아래로 향하게 놓고 냉장 보관해주세요.
보통 1주일 정도 보관할 수 있어요.

냉동 보관

물에 소금 1큰술을 넣고 시금치를 10~15초 정도 데친 뒤 물기를 짜줍니다.

물기를 짠 시금치는 소분하여 지퍼백이나 밀폐용기에 담아 냉동 보관해주세요.
필요할 때 하나씩 꺼내서 쓰면 편리해요.

육류

먹고 남은 육류 중 구이용은 지퍼백에 넣어 냉동 보관하고, 조리에 사용할 육류는 용도에 맞게 자른 뒤 지퍼백에 넣어서 냉동 보관해주세요.

Tip 조리에 사용되는 육류를 통째로 보관하면 다시 손질하기 어려워요.

과일

후숙 과일
물기가 닿지 않게 냉장 보관하고 파인애플, 키위, 바나나 등은 후숙 과일*이기 때문에 하루 이틀 정도는 상온에 내놓은 뒤 냉장 보관해주는 것이 좋아요.

* 후숙 과일 : 수확한 후 먹기에 가장 알맞은 상태가 될 때까지 두었다가 먹는 과일

바나나

바나나는 그대로 냉장 보관하게 되면 색이 까맣게 변하게 돼요. 바나나를 하나씩 분리해서 신문지로 감싼 다음 보관하면 색도 변하지 않고 오래 먹을 수 있어요.

오래 보관하기

오래 보관할 과일들은 적당한 크기로 자른 뒤 지퍼백이나 밀폐용기에 넣어 냉동 보관해주세요.
나중에 하나씩 꺼내 우유나 요거트와 함께 갈아서 먹으면 아주 좋아요.

구름이네 일상 묻고 답하기

Q 간장의 종류가 너무 많아 요리할 때마다 너무 고민이에요. 간장은 어떤 간장을 사용하나요?

A 주로 진간장을 많이 사용해요.
다른 간장에 비해 맛이 깔끔해서 좋더라고요. 그래서 국물 요리에도 진간장을 주로 사용해요. 하지만 미역국을 끓일 때는 조선간장을 사용한답니다. 조선간장을 넣고 미역국을 끓여주면 더욱 깊고 진한 맛을 낼 수 있어요.

Q 된장과 고추장은 어떤 걸 사용하시나요?

A 된장은 시중에서 파는 재래식 된장을 사용하고 있어요.
다른 된장들에 비해 깔끔하면서도 깊은 맛이 나요.
급하게 쌈장이 필요할 때도 재래식 된장과 고추장, 다진 마늘, 매실액 등을 넣고 직접 만들어 먹어도 아주 좋더라고요.
그리고 고추장은 제가 직접 만든 걸 사용하고 있어요.
제 유튜브 채널에도 한 번 올린 적이 있는데 매실액을 넣고 만들어서 감칠맛이 장난이 아니거든요. 한번 먹어본 제 주변 지인들 모두 감탄했을 정도랍니다.

Q 요리에 소주를 많이 사용하던데 이유가 뭔가요?

A 제 요리에는 맛술이 아닌 소주를 사용하는데요.
제 입맛에는 맛술보다는 소주를 사용하는 게 훨씬 깔끔한 맛이 나더라고요.
또, 소주를 사용하면 고기나 생선의 잡냄새를 잡아줄 수 있고, 음식을 했을 때 훨씬 감칠맛이 나요. 양념장을 만들 때도 소주를 1스푼 정도 넣어주면 더욱 감칠맛 나는 양념장을 만들 수 있어요. 단, 국, 찌개, 수육 등을 할 때는 물이 바글바글 끓고 있을 때 넣어주어야 알코올과 함께 잡냄새가 날아가요.

Q 물엿과 올리고당의 차이가 뭔가요?

A 물엿이나 올리고당 둘 다 단맛을 낼 때 사용하죠. 하지만 올리고당은 오래 가열하면 단맛이 사라지기 때문에 조리가 끝난 후 가볍게 뒤적여주는 용도로 사용해 주세요. 그러면 단맛도 올라오고 윤기가 돌며 더욱 먹음직스러워 보여요.
그리고 물엿은 단맛을 높여주면서 약간의 점성도 생기게 만들어줘요. 그래서 조림이나 떡볶이 등에 많이 사용돼요.

Q 반찬을 만들면 냉장 보관이 얼마나 가능한가요?

A 반찬의 종류에 따라 다르지만, 평균적으로 3~4일 정도 보관할 수 있어요. 더 오래 드시고 싶으면 꼭 물기가 없는 깨끗한 젓가락으로 조금씩 덜어서 드세요.
마른반찬(멸치볶음, 오징어채볶음 등)의 경우에는 한 달 정도 보관해 놓고 먹을 수 있어요.
간장에 졸여서 만드는 반찬들도 평균 15일 정도는 거뜬하게 먹을 수 있어요. 그리고 전 종류도 냉동 보관하면 한 달 정도 먹을 수 있어요.

Q 매실액이 없는 경우에는 뭘 넣으면 되나요?

A 매실액이 없다면 집에 있는 효소를 사용해주시면 돼요. 종류는 상관없어요.
초고추장 같은 양념에 들어가는 매실액은 사과를 얇게 채 썰어 넣는 것으로 대신할 수 있어요. 어느 정도 매실액이 주는 감칠맛을 낼 수 있어요.

식자재 구매하기 : 장보기 노하우

만 원으로 일주일 반찬을 만드는 콘셉트이다 보니 적은 금액으로 비교적 많은 양을 사는 게 무엇보다 중요해요.
그러려면 식자재를 한 군데에서 전부 다 사는 것보다는 재래시장, 대형마트, 동네마트, 식료품점, 식자재마트 등을 돌아다니면서 장 보시는 게 좋아요.

재래시장에서는 주로 콩나물, 부추, 상추, 제철 채소 등을 구입해요.
콩나물과 부추는 1,000원이면 한 봉지 가득 살 수 있고 상추도 2,000원어치를 사면 6~7명이 모여
삼겹살을 구워 먹어도 많이 남아요.
제철 채소들은 재래시장에서 구입하면 굉장히 신선하고 많은 양을 구입할 수 있어요.
재래시장 중에서도 상가에서 파는 것들보다 할머니들께서 직접 캐거나 재배해서 판매하는 제철 채소들이 훨씬 신선하고 양도 많아요.
하지만 카드 결제가 안 된다는 단점이 있어요.

대형마트에서는 주로 가공식품과 과일을 구입해요.
1+1행사나 카드 할인도 자주 하고 과일이 신선하고 달아요. 가격이 다른 곳들에 비해서 현저히 저렴해요.

식자재마트는 하루 이틀 사이에 바로 사용할 재료를 사러 가는 게 좋아요.
가격이 다른 곳들에 비해 저렴하고 양도 매우 많은 편이에요.
그래서 그런지 식자재마트는 보통 요식업을 하는 분들이 많이 가시더라고요.
가공식품들도 대용량으로 판매하고 고추, 마늘, 파 등도 대용량으로 저렴하게 판매해요.
아마 한번 방문해보시면 신세계를 경험하실 수도 있어요.
아예 식자재마트만 가게 되실 수도... (웃음)

재래시장 | 콩나물, 부추, 상추, 제철 채소 등

대형마트 | 가공식품, 과일

식자재마트 | 하루 이틀 사이 사용할 재료

구름이네

PART 1. 일주일이 행복한 만원 반찬 12주

맛보장 식비절약 일주일 집밥 시작하기

Week 1

재료	요리	장보기	가격
콩나물 6~7줌		재래시장	2,000원
두부 1모		재래시장	1,500원
달걀 1판		재래시장	3,000원
오이 4개		재래시장	2,000원
부추 3~4줌		재래시장	1,000원
깻잎 1봉(약 20장)		재래시장	1,000원
장보기 비용 합계			10,500원

유튜브로도 볼 수 있어요!

▶ 구름이네 일상

**직   만 원으로 이렇게 맛있는 반찬들이 탄생하다니!!
**상   두부부침 황금레시피네요. 그냥 달걀만 넣는데... 달걀말이, 오이소박이는 늘 좋아하는 반찬이네요!
ul**   전부 맛있어 보여요! 방금 점심 먹었는데도 먹고 싶어요~

빨간콩나물무침

얼큰콩나물국

두부부침

부추전

달걀말이

오이깍두기

Week 1

아삭한 식감!

빨간 콩나물무침

콩나물무침은 간단하면서도
언제 식탁 위에 올라와도 반가운 반찬이죠.
비린내 나지 않고 아삭하게
데치는 게 중요하답니다.

- 난이도 하
- 조리시간 5분
- 냉장보관 3~5일

준비하기

콩나물	3줌
대파	1/2개
고춧가루	1큰술
다진마늘	1큰술
소금	1/2큰술
참기름	1큰술
당근	1/4개
통깨	

요리하기

1 냄비에 물과 소금 1큰술을 넣고 끓여주세요.

2 물이 끓어오르면 콩나물 3줌을 넣고 2~3분 정도 데칩니다.

> 콩나물을 데칠 때는 뚜껑을 계속 열고 데치거나, 닫고 데쳐야 해요. 그렇지 않으면 콩나물 비린내가 날 수 있어요.

3 데친 콩나물은 찬물에 헹군 뒤 물기를 충분히 빼주세요.

4 당근을 채 썰고 대파 1/2개를 쫑쫑 썰어주세요.

5 고춧가루 1큰술, 다진마늘 1큰술, 소금 1/2큰술, 참기름 1큰술, 통깨를 넣고 버무려줍니다.

콩나물

Week 1

속 풀리는 얼큰 시원함

얼큰 콩나물국

따뜻한 국물이 먹고 싶은 날이면
어김없이 생각나는 국이에요.
얼큰하고 시원한 국물에 아삭한 콩나물이
씹는 맛도 더해준답니다!

난이도
하

조리시간
25분

육수시간
20분

냉장보관
4~7일

준비하기

콩나물	2줌
멸치육수	1,300ml
청양고추	2개
대파	1/2개
고춧가루	1큰술
소주	1큰술
새우젓	1큰술
다진마늘	1큰술

요리하기

1 물 1,500ml와 멸치 1주먹, 다시마를 넣고 20분 정도 끓여 멸치육수를 만듭니다.

2 청양고추 2개를 어슷하게 썰고, 대파 1/2개는 쫑쫑 썰어주세요.

3 고춧가루 1큰술, 멸치육수를 조금 넣고 섞어줍니다.

이렇게 하면 고춧가루만 둥둥 떠다니는 걸 방지할 수 있어요!

4 끓는 육수에 콩나물 2줌, 소주 1큰술, 새우젓 1큰술, 다진마늘 1큰술, 육수와 섞은 고춧가루를 넣고 끓이다가 물이 끓어오르면 중약불로 줄여 10~15분 정도 더 끓입니다.

5 마지막으로 청양고추, 대파를 넣고 5~10분 정도 더 끓여 마무리해주세요.

콩나물

Week
1

모두가 좋아하는

두부부침

두부부침은 어른들도 아이들도
모두 좋아하는 반찬이죠.
이번 주는 맛도 좋고 건강에도 좋은
두부부침을 만들어 봅시다!

난이도
하

조리시간
5분

냉장보관
3~4일

준비하기

두부	1모
달걀	2개
소금	1/2티스푼
부추	5~6가닥
당근	1/4개

요리하기

1 두부를 취향에 맞게 먹기 좋은 크기로 자르고 당근과 부추를 다집니다.

2 달걀 2개, 다진 당근과 부추, 소금 1/2티스푼을 넣고 골고루 섞어요.

3 달걀물에 두부를 넣고 골고루 묻혀주세요.

4 팬에 기름을 두르고 두부를 올립니다.

> 부침을 할 때는 약한 불에서 조리해야 타지 않고 속까지 예쁘게 잘 익어요!

5 노릇해지면 뒤집고 뒤집은 쪽도 노릇하게 익혀주세요.

두부 / 달걀

Week 1

향긋한 부추향이 솔솔~

부추전

부추는 비타민이 풍부하고 마늘처럼 강장 효과가 있어서 정력에 좋은 채소로 알려져 있어요. 영양만점 채소들과 함께 바삭바삭하고 향긋한 부추전 어떤가요?

난이도 하
조리시간 5분
냉장보관 3~4일

준비하기

부추	1줌
애호박	1/3개
양파	1개
깻잎	2~3장
청양고추	2개
달걀	3개
밀가루	5큰술
다진마늘	1큰술
소금	1/2큰술
당근	1/3개

요리하기

1 부추, 애호박, 당근, 양파, 깻잎을 취향에 맞게 양을 조절해 채 썰고, 청양고추 2개는 어슷하게 썰어주세요.

2 1의 재료와 달걀 3개, 밀가루 5큰술, 물 50ml, 다진마늘 1큰술, 소금 1/2큰술을 넣고 골고루 섞어주세요.

3 팬에 기름을 두르고 반죽을 올려 약한 불에서 조리합니다.

4 바닥이 노릇노릇하게 익으면 뒤집고 뒤집은 쪽도 노릇노릇하게 익혀주세요.

부추 / 달걀

Week 1

돌돌 말아요~

달걀말이

앞으로 소개해드릴
다양한 종류의 달걀말이가 많아요.
이번 주는 달걀만 들어가는
황금빛 달걀말이에요!

난이도
하

조리시간
3~5분

냉장보관
3~4일

| 준비하기 | 요리하기 |

달걀　　　　　5개

1　달걀 5개를 대충 풀어주세요.

> 대충 섞어주면 완성했을 때 흰자와 노른자가 구분되어 색감이 더 예쁘답니다!

2　약한 불에 달궈진 팬에 기름을 두르고 달걀물을 부어주세요.

3　윗면이 살짝 마른 듯싶으면 가장자리부터 말아줍니다.

4　달걀물을 보충해가며 계속 말아주고, 다 말고 나면 안까지 익을 수 있게 앞뒤로 조금 더 익혀주세요.

달걀

Week 1

아삭아삭 맛있는 오이김치

오이깍두기

초간단 레시피로 무쳐서
바로 먹는 오이깍두기에요.
매일 먹는 김치 대신에 딱이에요!

난이도
중

절이는 시간
30분

조리시간
5분

냉장보관
7~15일

준비하기

오이	3개
부추	500원 동전만큼
천일염	3큰술

양념장

고춧가루	2큰술
새우젓	1/3큰술
멸치액젓	1큰술
다진마늘	1큰술
다진생강	1티스푼
매실액	3큰술
통깨	

요리하기

1 오이 3개를 3cm 정도 길이로 통 썰기 한 후, 길게 4등분하고 부추도 3cm 정도 길이로 잘라주세요.

2 오이와 천일염 2큰술을 넣고 뒤적여 30분간 절여줍니다.

3 절인 오이는 찬물에 2번 정도 헹군 뒤 물기를 충분히 빼주세요.

4 '재료 준비하기'의 레시피대로 양념장을 만들어 줍니다.

5 오이와 양념장을 넣고 버무려주세요.

오이 / 부추

Week 2

재료	요리	장보기	가격
애호박 1개		재래시장	1,000원
달걀 1판		동네마트	2,000원
가지 3개		재래시장	1,000원
사각어묵 2봉(10장)		동네마트	2,200원
분홍소시지 1개(650g)		대형마트	3,290원
팽이버섯 1봉(약 150g)		재래시장	500원
장보기 비용 합계			9,990원

유튜브로도 볼 수 있어요!

 구름이네 일상

**정 오래된 주부인데도 많이 배우고 갑니다~^^*
캔** 소시지에 청양고추 송송 같이 부치는 것도 꿀팁이네요~!
박** 가지무침 맛있겠네요! 한번 해봐야겠네요! 감사합니다~ㅎㅎ

가지무침

분홍소시지부침

애호박볶음

애호박전

어묵볶음

어묵전

팽이버섯전

달걀찜 (레시피는 214p. 참고)

Week 2

부드러운 감칠맛

가지무침

마냥 쪄서만 만드는 가지무침은 지겹지 않나요?
이번 주엔 노릇노릇 구운 가지로
감칠맛 나는 가지무침 어떠세요?

BEST 1

난이도 하
조리시간 5분
냉장보관 3~5일

준비하기

가지	3개
간장	3큰술
다진마늘	1/2큰술
고춧가루	1큰술
참기름	1큰술
대파	1/2개
통깨	

요리하기

1. 가지 3개를 도톰하도록 어슷하게 썰고 대파 1/2개는 쫑쫑 썰어주세요.

2. 기름을 두르지 않은 팬에 중약불로 가지를 굽습니다.

3. 바닥이 노릇노릇해지면 뒤집고 뒤집은 쪽도 노릇하게 구워주세요.

4. 구운 가지를 길게 반으로 자르고 간장 3큰술, 다진마늘 1/2큰술, 고춧가루 1큰술, 참기름 1큰술, 대파, 통깨를 넣고 버무려 마무리합니다.

가지

Week 2

추억의 그때 그 맛~

분홍소시지 부침

만들기는 매우 간편한데 맛있는 분홍소시지부침!
너무 자주는 아니더라도
가끔은 괜찮지 않을까요~;)

BEST 4

난이도 하
조리시간 5분
냉장보관 3~4일

준비하기

분홍소시지	1/2개
달걀	2개
다진마늘	1티스푼
소금	1/2티스푼
청양고추	1개
홍고추	1/2개

요리하기

1 분홍소시지를 어슷하게 썰고 청양고추와 홍고추는 잘게 다집니다.

2 달걀 2개, 소금 1/2티스푼, 다진마늘, 청양고추, 홍고추를 넣고 골고루 섞어주세요.

3 분홍소시지에 밀가루를 묻히고 달걀물을 골고루 묻혀주세요.

4 팬에 기름을 두른 다음 분홍소시지를 올리고 약불에서 조리합니다.

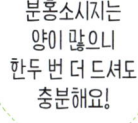

분홍소시지는 양이 많으니 한두 번 더 드셔도 충분해요!

5 바닥이 노릇해지면 뒤집고 뒤집은 쪽도 노릇하게 익혀주세요.

분홍소시지 / 달걀

Week 2

누구나 좋아하는 감칠맛~

애호박볶음

애호박볶음에 새우젓 넣고 간을 하면 소금보다
깔끔하고 더욱더 깊은 감칠맛이 난답니다.
이번 기회에 직접 만들어보세요!

난이도 하
조리시간 5분
냉장보관 3~5일

준비하기

애호박	1/2개
양파	1/2개
새우젓	1/2큰술
다진마늘	1큰술
당근	1/4개
대파	1/3개

요리하기

1 애호박 1/2개를 0.5cm 두께로 통썰기 한 뒤, 반달썰기하고, 양파 1/2개를 채 썰고, 당근 1/4개는 큼직하게, 대파 1/3개는 쫑쫑 썰어주세요.

2 팬에 기름을 두르고 애호박, 양파, 당근, 새우젓 1/2큰술, 다진마늘 1큰술을 넣고 볶아줍니다.

3 양파가 투명해지면 대파를 넣고 1분 정도 볶아요.

4 마지막으로 후추, 통깨를 넣고 뒤적여 마무리해주세요.

애호박

Week 2

달콤하고 사각거리는 맛이 일품인

애호박전

애호박전은 달달하고 아삭한 애호박 식감과
고소한 달걀부침옷이 함께 어우러져서
정말 맛있어요!

난이도 하

조리시간 5분

냉장보관 3~4일

준비하기

애호박	1/2개
달걀	2개
다진마늘	1티스푼
소금	1/2티스푼
청양고추	1개
당근	1/4개

요리하기

1 애호박 1/2개를 0.5cm 정도 두께로 통썰기 하고 청양고추와 당근을 다져주세요.

2 달걀 2개, 다진마늘 1티스푼, 소금 1/2티스푼, 청양고추, 당근을 넣고 골고루 섞어주세요.

3 애호박에 밀가루를 묻히고 달걀물을 입혀주세요.

4 팬에 기름을 두르고 애호박을 올려 약불에서 조리합니다.

5 바닥이 노릇해지면 뒤집고 마저 노릇하게 익혀주세요.

애호박 / 달걀

Week 2

쫄깃쫄깃 단짠 밑반찬

어묵볶음

초간단 밑반찬 어묵볶음이에요.
간장 베이스에 설탕도 들어가서
달달하면서도 짭짤해서
아이들 반찬으로 딱이에요!

난이도 하

조리시간 5분

냉장보관 3~5일

준비하기

사각어묵	5장
양파	1/2개
대파	1/2개
다진마늘	1큰술
간장	3큰술
설탕	1/2큰술
당근	1/4개
통깨	

요리하기

1 사각어묵을 취향에 맞게 자르고 양파 1/2개와 당근을 큼직하게 썰고, 대파 1/2개는 쫑쫑 썰어주세요.

2 팬에 기름을 두르고 어묵을 볶아줍니다.

3 어묵이 노릇해지면 양파, 당근, 다진마늘 1큰술, 물 200ml, 간장 3큰술, 설탕 1/2큰술을 넣고 중약불에서 졸여주세요.

4 물이 자작하게 졸아들면 대파와 통깨를 넣고 뒤적여 마무리해주세요.

어묵

Week 2

어묵과 달걀의 만남

어묵전

자주 접하고 먹는 반찬은 아니지만,
비 오는 날 먹으면
더 맛있는 어묵전이에요~

- 난이도 하
- 조리시간 3분
- 냉장보관 3~4일

준비하기

사각어묵	5장
달걀	2개
소금	1/2티스푼
다진마늘	1티스푼
청양고추	1개
당근	1/4개

요리하기

1. 어묵을 삼각형 모양으로 자르고 청양고추와 당근을 다져주세요.

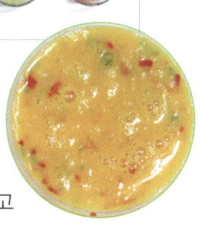

2. 달걀 2개, 소금 1/2티스푼, 다진마늘 1티스푼, 청양고추, 당근을 넣고 골고루 섞어주세요.

3. 어묵에 밀가루를 묻히고 달걀물을 입혀줍니다.

4. 팬에 기름을 두르고 어묵을 올려 약불에서 조리합니다.

5. 바닥이 노릇해지면 뒤집고 뒤집은 쪽도 노릇하게 익혀주세요.

어묵 / 달걀

Week 2

고소하면서 재미있는 식감

팽이버섯전

저렴한 재료인 팽이버섯으로 전을 부쳐보았어요!
팽이버섯의 쫄깃함과 달걀의 담백함을
맛볼 수 있을 거예요.

BEST 7

난이도
하

조리시간
5분

냉장보관
3~4일

준비하기

팽이버섯	1개
달걀	2개
소금	1/2티스푼
다진마늘	1티스푼
청양고추	1개
당근	1/4개

요리하기

1 팽이버섯 1개를 준비하고, 달걀 2개, 소금 1/2티스푼, 다진마늘 1티스푼, 다진 청양고추 1개, 다진 당근을 잘 섞어줍니다.
(이어서 요리 중이라면 어묵전에서 남은 달걀물을 활용하세요!)

2 팬에 기름을 두르고 팽이버섯을 올린 뒤, 팽이버섯 위에 달걀물을 예쁘게 올리고 약불로 익혀줍니다.

3 바닥이 노릇해지면 뒤집어주세요.

> 왼손에 장갑을 끼고 손바닥으로 팽이버섯을 지탱해주면서 뒤집개로 뒤집어주면 모양이 흐트러지지 않아요!

4 노릇해지면 다시 뒤집은 뒤 2~3분 정도 더 익혀 마무리해주세요.

> 애호박전, 어묵전, 팽이버섯전에서 남은 달걀물로 달걀말이를 해주셔도 좋아요!

Week 3

재료	요리	장보기	가격
오이 3개		재래시장	2,000원
콩나물 6~7줌		재래시장	3,000원
시금치 4줌		재래시장	1,000원
두부 1모		재래시장	1,500원
감자 약 15개		재래시장	2,000원
장보기 비용 합계			9,500원

유튜브로도 볼 수 있어요!

 구름이네 일상

김** 와~ 제가 정말 잘 먹는 재료들이네요!! 이거면 밥 정말 맛나게 먹을 수 있겠어요!^^
은** 잘 배워갑니다! 감사합니다!
**현 영상 잘 보고 있어요. 저희도 이번주는 만 원치했어요~진짜로 맛있었어요!

콩나물국

콩나물찜

두부조림

감자볶음

감자조림

오이냉국

오이무침

시금치나물

시금치전

Week 3

속이 뻥뚫리는

콩나물국

비가 내리는 날, 해장이 필요한 날,
뜨끈뜨끈한 국물이 땡기는 날,
콩나물국 어떠세요?

| 난이도 하 |
| 조리시간 10분 |
| 육수시간 20분 |
| 냉장보관 4~7일 |

준비하기

콩나물	2줌
양파	1/2개
청양고추	1개
대파	1/2개
새우젓	2/3큰술
당근	1/4개

요리하기

1. 양파 1/2개와 당근을 채 썰고, 청양고추 1개, 대파 1/2개를 쫑쫑 썰어주세요.

2. 물 900ml에 새우젓 2/3큰술을 넣고 끓입니다.

3. 물이 끓어오르면 불을 줄이고 15분 정도 더 끓인 뒤에 새우를 건져냅니다.

4. 콩나물 2줌, 양파, 당근, 청양고추, 다진마늘 1큰술을 넣고 중불에서 10분 정도 더 끓여주세요.

5. 마지막으로 불을 끄고 후추, 대파를 넣고 마무리합니다.

콩나물

Week 3

매콤하면서 아삭아삭한

콩나물찜

콩나물로도 충분히 맛있지만,
어묵, 소시지, 주꾸미 등 다른 재료와 함께
요리하면 별미를 느낄 수 있어요!

- 난이도 하
- 조리시간 10분
- 육수시간 20분
- 냉장보관 3~5일

준비하기

멸치육수	250ml
콩나물	2줌
전분가루	1큰술
참기름	1큰술

양념장

고추장	2큰술
고춧가루	2큰술
설탕	1큰술
다진마늘	1큰술
간장	3큰술

요리하기

1 멸치와 다시마를 넣고 20분 정도 끓여 육수를 만듭니다. (Part 0. 참고)

2 고추장 2큰술, 고춧가루 2큰술, 설탕 1큰술, 다진마늘 1큰술, 간장 3큰술을 넣고 양념장을 만들어주세요.

3 전분가루 1큰술, 물 50ml를 넣고 전분물을 만듭니다.

4 냄비에 멸치육수 250ml를 끓여주세요.

5 육수가 끓어오르면 콩나물 2줌을 넣고 끓입니다.

6 콩나물의 숨이 죽으면 양념을 넣고 콩나물을 완전히 익혀주세요.

7 전분물 7큰술을 넣고 3~5분 정도 더 끓여주세요.

8 마지막으로 참기름 1큰술을 넣고 뒤적여 마무리해줍니다.

콩나물

Week 3

단짠 양념장과 고소한 두부의 만남

두부조림

두부조림의 맛을 좌우하는 것은 양념장이에요.
구름이네 양념장으로
한 번 따라 만들어보세요!

- 난이도: 하
- 조리시간: 30분
- 육수시간: 20분
- 냉장보관: 3~5일

준비하기

재료	분량
멸치육수	650ml
두부	1모
양파	1/2개

양념장

재료	분량
고춧가루	2큰술
설탕	1/2큰술
다진마늘	1큰술
간장	3큰술
소주	1큰술
새우젓	1/3큰술

요리하기

1 멸치와 다시마를 넣고 20분 정도 끓여 육수를 만듭니다. (Part 0. 참고)

2 두부 1모를 먹기 좋은 크기로 썰고 양파 1/2개를 채 썰어주세요.

3 고춧가루 2큰술, 간장 3큰술, 설탕 1/2큰술, 소주 1큰술, 새우젓 1/3큰술, 다진마늘 1큰술을 넣고 양념장을 만들어주세요.

4 멸치육수 650ml, 두부, 양파를 넣고 그 위에 양념장을 골고루 얹어 끓여줍니다.

5 국물이 바글바글 끓기 시작하면 중약불로 줄여 30분 정도 더 끓여주세요.

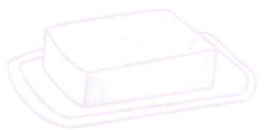

두부

Week 3

Week 3

절대 실패 없는 초간단

감자볶음

감자는 아이들이 정말 좋아하는 재료에요.
특히 감자볶음은
자주 먹어도 질리지 않죠!

난이도 하
조리시간 20분
냉장보관 3~5일

준비하기

재료	분량
감자	2개
양파	1/2개
다진마늘	1큰술
소금	1/3큰술
대파	1/3개
당근	1/4개
통깨	

요리하기

1. 감자 2개, 양파 1/2개, 당근을 채 썰고, 대파 1/2개를 쫑쫑 썰어줍니다.

2. 채 썬 감자를 찬물에 15분 정도 담가 전분기를 뺀 뒤에 물기를 충분히 빼주세요.

3. 팬에 기름을 두르고 감자를 올리고, 약불에서 감자가 투명해질 때까지 볶아주세요.

4. 양파, 당근, 다진마늘 1큰술, 소금 1/3큰술을 넣고 감자를 취향에 맞는 익힘 정도로 볶아줍니다.

5. 다 됐으면 불을 끄고 대파, 통깨를 넣고 뒤적여 마무리해주세요.

Week 3

달콤하고 짭조름한

감자조림

감자조림은 물을 너무 많이 하거나, 종종 불 조절,
시간 조절에 실패해서 태울 수 있어요.
구름이네 레시피로 쉽고 빠르게
요리할 수 있답니다!

BEST 19

난이도
하

조리시간
35~40분

냉장보관
5~10일

준비하기

감자	2개
간장	8큰술
올리고당	2큰술
설탕	1큰술
다진마늘	1큰술
당근	1/3개

요리하기

1 감자 2개와 당근을 취향에 맞는 크기로 썰어주세요.

2 팬에 기름을 두르고 감자가 투명해질 때까지 중불에서 볶아줍니다.

> 기름으로 한 번 볶아준 뒤에 조리하면 감자가 잘 부서지지 않아요!

3 당근을 넣고 1~2분 정도 더 볶아주세요.

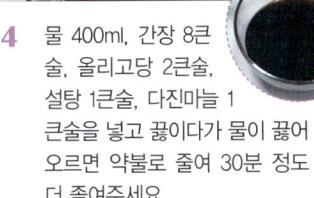

4 물 400ml, 간장 8큰술, 올리고당 2큰술, 설탕 1큰술, 다진마늘 1큰술을 넣고 끓이다가 물이 끓어오르면 약불로 줄여 30분 정도 더 졸여주세요.

감자

Week 3

여름철에 딱 좋은

오이냉국

뜨거운 국이 안 넘어가는 여름에는
차가운 오이냉국으로
더위를 날려버리세요!

난이도
하

조리시간
3분

냉장보관
3~5일

준비하기

오이	1개
양파	1/2개
다진마늘	1큰술
소금	1큰술
설탕	2큰술
당근	1/4개
통깨	

요리하기

1. 오이, 당근, 양파를 채 썰어주세요.

2. 물 700~800ml, 소금 1큰술, 설탕 2큰술, 다진마늘 1큰술을 넣고 녹여줍니다.

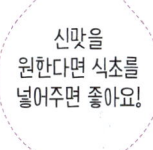

신맛을 원한다면 식초를 넣어주면 좋아요!

3. 오이, 당근, 양파, 통깨를 넣고 골고루 섞어주세요.

오이

Week 3

아삭함이 살아있는 새콤달콤함

오이무침

아삭한 식감은 살리고
매콤하게 버무린 오이무침
5분도 안 걸리는
초간단 레시피로 만들어보아요!

난이도
하

조리시간
3분

냉장보관
3~5일

준비하기

오이	2개
양파	1/2개

양념장

고추장	2큰술
고춧가루	1큰술
설탕	1/2큰술
매실액	2큰술
식초	2큰술
다진마늘	1큰술
통깨	

요리하기

1 오이 2개를 두툼하도록 어슷하게 썰어 반으로 자르고 양파 1/2개를 큼직하게 썰어주세요.

2 고추장 2큰술, 고춧가루 1큰술, 설탕 1/2큰술, 매실액 2큰술, 식초 2큰술, 다진마늘 1큰술, 통깨를 넣어 양념장을 만들고 버무려주세요.

오이

Week 3

Week 3

건강한 밑반찬

시금치나물

시금치는 엽산과 비타민, 그리고
풍부한 섬유소질을 가지고 있는 재료에요.
여성, 성장기 어린이, 청소년에게
아주 좋답니다!

난이도
하

조리시간
5분

냉장보관
3~4일

준비하기

시금치	2줌
소금	1큰술 + 1/3큰술
다진마늘	1/2큰술
참기름	1큰술
통깨	

요리하기

1. 냄비에 물과 소금 1큰술을 넣고 끓여주세요.

2. 물이 끓어오르면 시금치를 넣고 30초 정도 데친 후 찬물에 헹군 다음 물기를 짜주세요.

3. 시금치를 무치기 쉽게 탈탈 털고 소금 1/3큰술, 다진마늘 1/2큰술, 참기름 1큰술, 통깨를 넣고 버무려주세요.

시금치

Week 3

싱싱함이 그대로

시금치전

구름이네 시금치전은
시금치를 싹뚝싹뚝 잘라서 넣지 않아요.
넓게 펴서 부치기 때문에 훨씬 간단하고
시금치의 식감이 살아있어요!

난이도 하

조리시간 5분

냉장보관 3~4일

준비하기

시금치	1줌
달걀	2개
소금	1/2티스푼
밀가루	

시금치전을 할 때는 밑동을 조금만 떼어내 시금치 모양을 그대로 살려 손질해야 예쁜 모양의 전을 만들 수 있어요!

요리하기

1 시금치에 밀가루를 묻힙니다.

2 달걀 2개와 소금 1/2티스푼을 넣고 섞은 다음, 밀가루를 묻힌 시금치에 달걀물을 골고루 입혀주세요.

3 팬에 기름을 두르고 시금치를 올려 중약불로 부쳐줍니다.

4 바닥이 노릇해지면 뒤집고 뒤집은 쪽도 노릇하게 부쳐주세요.

시금치 / 달걀

Week 4

재료	요리	장보기	가격
양배추 1/2개		대형마트	1,490원
무 1개		대형마트	1,380원
부추 1봉(600g)		동네마트	1,000원
건고사리 1봉(60g)		동네마트	4,000원
깻잎 2봉(약 40장)		동네마트	2,000원
장보기 비용 합계			9,870원

유튜브로도 볼 수 있어요!

배** 어쩜 요리를 잘하세요~마치 주부 경력 10년 된 듯이 잘하세요.^^
**드 너무 뚝딱 만드시는 걸 보니 실력이 완전 좋으시네요^^ 많이 배우고 가요~~
선** 와! 무조림을 저렇게 하는군요! 진짜 대박입니다.

▶ 구름이네 일상

무생채

무나물

무조림

부추김치

깻잎찜

양배추초절임

양배추김치

고사리볶음

고사리들깨탕

Week 4

아삭아삭 시원한

무생채

무의 달콤하면서도 시원한 맛을 그대로 살려 무생채를 만들어보아요!

난이도
하

조리시간
5분

절이는 시간
30분

냉장보관
3달 이상

준비하기

무	1/3개
대파	1/2개
천일염	1주먹 반
고춧가루	3큰술
새우젓	1과 1/2큰술
설탕	1큰술
다진마늘	1큰술
다진생강	1/3큰술
대파	1/2개
통깨	

요리하기

1 무를 원하는 두께로 채 썰고, 대파 1/2개를 쫑쫑 썹니다.

2 천일염 1주먹 반을 넣고 버무려 30분간 절여주세요. 절이고 나온 물은 버려줍니다.

3 고춧가루 3큰술, 새우젓 1과 1/2큰술, 설탕 1큰술, 다진마늘 1큰술, 다진생강 1/3큰술, 대파, 통깨를 넣고 버무려주세요.

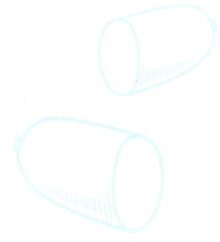

무

Week 4

고소하면서 부드러운

무나물

소화도 도와주고, 쉽게 만들어 맛있게 먹을 수 있어요.
구름이네도 자주 먹는답니다!

난이도 하
조리시간 5~6분
냉장보관 3~5일

준비하기

무	1/3개
다진생강	1티스푼
다진마늘	1큰술
소주	1큰술 + 100ml
소금	1/2큰술
설탕	1/2큰술
통깨	

요리하기

1 무 1/3개를 0.5cm 정도 두께로 통썰기 한 후 0.3~0.5cm 정도 두께로 채 썰어주세요.

2 팬에 기름을 두르고 채 썬 무와 다진생강 1티스푼을 넣고 무가 살짝 투명해질 때까지 중불에서 볶아줍니다.

다진생강을 넣고 볶아주면 무 비린내를 잡을 수 있어요!

3 무가 투명해졌으면 다진마늘 1큰술, 소주 1큰술, 소금 1/2큰술, 설탕 1/2큰술을 넣고 1~2분 정도 볶아주세요.

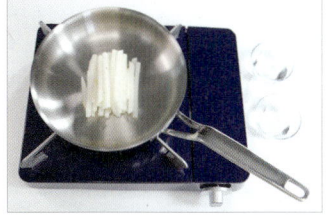

4 물 100ml와 소주 100ml를 넣고, 약불에서 3~5분 정도 졸이듯이 볶습니다.

5 물이 자작해지면 후추, 통깨를 넣고 한 번 더 가볍게 볶아 마무리해주세요.

Week 4

생선 없이도 깊은 맛

무조림

생선이나 다른 재료가 없이
무만으로도 충분히 맛있어요!
밥 한 공기 뚝딱하게
만드는 밥도둑이에요.

난이도
하

조리시간
1시간

육수시간
20분

냉장보관
3~5일

준비하기		요리하기	

무　　　　　　1/3개
멸치육수　　　850ml

양념장
고춧가루　　　3큰술
다진마늘　　　1큰술
간장　　　　　4큰술
소주　　　　　3큰술
설탕　　　　　1큰술
후추　　　　　약간

1 무 1/3개를 2cm 정도 두께로 통 썰기 해주세요.

2 고춧가루 3큰술, 다진마늘 1큰술, 간장 4큰술, 소주 3큰술, 설탕 1큰술, 후추를 넣고 양념장을 만듭니다.

이 육수는 깻잎찜에도 사용됩니다. 이어서 요리하실 분은 물 1,600ml에 육수를 끓여주세요.

3 멸치, 다시마를 넣고 20분 정도 끓여 육수를 준비해주세요.

4 냄비에 무를 깔고 멸치육수 850ml와 양념을 넣고 끓여주세요.

5 물이 끓어오르면 중불로 줄여 30분 정도 졸여요.

6 약불로 줄여 20~30분 정도 더 졸여줍니다.

Week 4

영양만점, 매콤한

부추김치

담가서 바로 먹는 여름철 별미! 부추김치!
부추의 향긋함과
매콤함이 잘 어우러져요.

난이도 하

조리시간 7분

냉장보관 1달 이상

준비하기

부추	1줌 반
양념장	
양파	1개
홍고추	2개
고춧가루	5큰술
멸치액젓	2큰술
새우젓	1큰술
설탕	1큰술
소금	1큰술
통깨	

요리하기

1 양파 1개와 홍고추 2개를 갈기 좋게 썬 뒤, 믹서기에 곱게 갈아 주세요.

2 1의 간 양념과 고춧가루 5큰술, 멸치액젓 2큰술, 새우젓 1큰술, 설탕 1큰술, 소금 1큰술, 통깨를 넣어 양념장을 만들어줍니다.

3 부추에 양념장을 넣고 골고루 버무려주세요.

Week 4

단짠단짠 밥도둑

깻잎찜

따끈한 밥 위에 깻잎 한 장 얹다 보면 어느덧
밥 한 공기가 순식간에 사라져요!

- 난이도: 하
- 조리시간: 15분
- 육수시간: 20분
- 냉장보관: 5~10일

준비하기

깻잎	20장

양념장

간장	4큰술
설탕	1/2큰술
소주	2큰술
다진마늘	1큰술
다진생강	1/2티스푼
멸치육수	100ml
대파	1/2개
청양고추	1개
홍고추	1개

요리하기

1 대파 1/2개, 청양고추 1개, 홍고추 1개를 다져주세요.

2 간장 4큰술, 설탕 1/2큰술, 소주 2큰술, 다진마늘 1큰술, 다진생강 1/2티스푼, 멸치육수 100ml, **1**의 다진 대파, 청양고추, 홍고추를 넣고 양념장을 만들어주세요.

3 냄비에 깻잎 20장 정도를 깔고 그 위에 양념장 올리기를 반복하고 센 불에서 끓여줍니다.

4 국물이 끓어오르면 중약불로 줄여 10~15분 정도 더 졸여주세요.

Week 4

새콤달콤 아삭한

양배추 초절임

양배추의 비타민U는 위장병에 특효가 있으며
식이섬유가 많아 장운동을 활발히 해줘요.
맛도 좋고 몸에도 좋은
양배추초절임 어떠세요?

난이도 하
조리시간 25분
냉장보관 1달 이상

준비하기

양배추	1/4개
식초	1컵
설탕	1/2컵
천일염	2큰술

요리하기

1 양배추의 심을 제거하고 양배추를 반으로 잘라줍니다.

2 냄비에 물 1,000ml를 넣고 끓여주세요. 물이 끓어오르면 식초 1컵, 설탕 1/2컵, 천일염 2큰술을 넣고 끓여준 다음, 3~5분 정도 식혀줍니다.

3 양배추 위에 식초물을 뿌리고 누름돌로 10분 정도 눌러줍니다.

누름돌 대신 집에 있는 뚝배기 등 무게가 있는 물건으로 눌러주어도 괜찮아요!

4 10분 뒤 양배추를 뒤집고 다시 10분 정도 더 눌러주세요.

양배추 초절임은 식초물이 충분히 식으면 뚜껑을 닫고 반나절 정도 상온에 두었다가 냉장 보관해주세요!

양배추

Week 4

색다른 아삭함

양배추김치

양배추로 김치를 담그면 뻣뻣한 느낌은 사라지고
부드러우면서도 아삭한 식감만 남지요.
달콤함은 덤이고요!

BEST 13

난이도
하

조리시간
7분

냉장보관
15일 이상

준비하기

양배추	1/4개
양파	1개
천일염	1주먹
고춧가루	2큰술
다진마늘	1큰술
다진생강	1/2큰술
멸치액젓	2큰술
매실액	1큰술
설탕	1큰술
통깨	

요리하기

1 양배추를 먹기 좋은 크기로 자른 뒤에 천일염 1주먹을 넣고 1시간 정도 절인 뒤 씻어 물기를 빼놓습니다.

2 양파 1개를 갈고 양배추와 함께 골고루 버무려주세요.

3 양배추, 고춧가루 2큰술, 다진마늘 1큰술, 다진생강 1/2큰술, 멸치액젓 2큰술, 매실액 1큰술, 설탕 1큰술, 통깨를 넣고 버무립니다.

양배추

Week 4

들기름 향이 솔솔~

고사리볶음

고사리 특유의 비린 맛을 싫어하는 분들을
위해 준비한 레시피랍니다!

난이도
하

조리시간
1시간 5분

고사리
불리는 시간
2~3시간

냉장보관
3~5일

준비하기

건고사리	1줌
다진마늘	1큰술
다진생강	1/2티스푼
간장	2큰술
들기름	1큰술
대파	1/3개

요리하기

1. 대파를 쫑쫑 썰고, 건고사리를 미지근한 물에 2~3시간 정도 불려주세요.

2. 냄비에 불린 고사리 1줌을 넣고 고사리가 잠길 만큼 물을 부어 1시간 정도 삶은 뒤, 찬물에 헹궈 물기를 꼭 짜주세요.

3. 고사리, 다진마늘 1큰술, 다진생강 1/2티스푼, 간장 2큰술, 들기름 1큰술, 다진 파를 넣고 조물조물 버무립니다.

4. 팬에 기름을 두르고 고사리를 넣어 2~3분 정도 중불에서 볶아주세요.

고사리

Week 4

완벽한 고소함

고사리 들깨탕

들깨를 듬뿍 넣어 고소함이 가득해요!
들깨는 유지의 함량이 높고 강장 효과가
있어서 몸에도 좋답니다.

- 난이도 하
- 조리시간 1시간 10분
- 고사리 불리는 시간 2~3시간
- 냉장보관 3~5일

준비하기

쌀	1주먹
삶은 고사리	1줌
들깻가루	2큰술
다진마늘	1/2큰술
다진생강	1/2티스푼
소주	1큰술
소금	1/2큰술
후추	약간

요리하기

1 쌀 1주먹과 물 250ml를 넣고 믹서기에 곱게 갈아줍니다.

2 냄비에 삶은 고사리와 물 400ml를 넣고 끓여주세요.

3 물이 끓어오르면 들깻가루를 2큰술 넣고 끓입니다.

4 물이 다시 끓어오르면 다진마늘 1/2큰술, 다진생강 1/2티스푼, 1의 쌀 간 물 6큰술, 소주 1큰술, 소금 1/2큰술을 넣고 저어가며 5분 정도 끓여주세요.

5 마지막으로 후추를 뿌리고 뒤적여 마무리합니다.

고사리

Week 5

재료	요리	장보기	가격
부추 4~5줌		재래시장	1,000원
가지 5개		재래시장	2,000원
미나리 2~3줌		재래시장	2,000원
닭 2마리		대형마트	4,990원
장보기 비용 합계			9,990원

유튜브로도 볼 수 있어요!

 구름이네 일상

- 은** 반찬 고민이 많은 저에게 꼭 필요한 영상~감사해요!!
- 권** 밑반찬 만들기 어려웠는데 이거 보면서 이것저것 도전해보고 있어요! 감사합니다ㅎㅎ
- 니** 최저비용으로 너무 훌륭한 상차림을 알려주시네요~^^*

미나리무침

부추무침

부추볶음

닭무침

닭조림

가지전

가지소박이

Week 5

봄 향기가 가득한

미나리무침

산뜻한 봄을 한입 먹는 것 같은 기분,
느껴본 적 있으신가요?
이번 주는 미나리로 향긋하게
봄을 무쳐 볼까요?

난이도 하

조리시간 5분

냉장보관 3~4일

준비하기

미나리	1줌 반
소금	1큰술
된장	2/3큰술
고추장	1/2큰술
다진마늘	1큰술
참기름	1큰술
매실액	1큰술
통깨	

요리하기

1 냄비에 물과 소금 1큰술을 넣고 끓여주세요.

2 물이 끓어오르면 미나리를 넣고 10~20초 정도 데친 뒤 찬물에 헹궈 물기를 꼭 짜주세요.

3 미나리는 먹기 좋게 한 번 잘라주고 된장 2/3큰술, 고추장 1/2큰술, 다진마늘 1큰술, 참기름 1큰술, 매실액 1큰술, 통깨를 넣고 조물조물 버무립니다.

> 취향에 맞게 된장과 고추장의 양을 조절하고, 다 버무리고 나서 소금으로 간을 해주세요!

미나리

Week 5

몸에 좋고 맛도 좋은

부추무침

싱싱하고 맛있는 부추를
구름이네 양념장으로 버무려주세요~.
몸에 좋은 만큼 맛도 좋답니다!

난이도 하

조리시간 2분

냉장보관 3~4일

준비하기

부추	500원 동전만큼
양파	1개

양념장

고춧가루	1과 1/2큰술
간장	2큰술
멸치액젓	1큰술
식초	2큰술
매실액	1큰술
참기름	1큰술
다진마늘	1큰술
통깨	

요리하기

1 부추 500원 굵기 정도를 5cm 정도 길이로 자르고, 양파 1개를 채 썹니다.

2 고춧가루 1과 1/2큰술, 간장 2큰술, 멸치액젓 1큰술, 식초 2큰술, 매실액 1큰술, 참기름 1큰술, 다진마늘 1큰술, 통깨를 넣고 양념장을 만들어줍니다.

3 부추, 양파, 양념장을 넣고 버무려주세요.

Week 5

웰빙 밥반찬~

부추볶음

고기 없이 부추만 볶으면
향긋하면서도 담백한 맛이 나요.
또 다른 별미랍니다.

난이도 하

조리시간 3분

냉장보관 3~4일

준비하기

부추	1줌
홍고추	1개
다진마늘	1큰술
소금	1티스푼
참기름	1큰술
통깨	

요리하기

1 부추 1줌을 5cm 정도 길이로 자르고 홍고추 1개를 얇게 통썰기 해주세요.

2 팬에 기름을 두르고 부추, 다진마늘 1큰술, 소금 1티스푼을 넣고 중불에서 부추의 숨이 죽을 때까지 볶아줍니다.

3 숨이 죽으면 불을 끈 뒤에 홍고추, 참기름 1큰술, 통깨를 넣고 뒤적여 마무리해주세요.

Week 5

Week 5

닭가슴살의 변신은 무죄

닭무침

퍽퍽하고 질긴 닭가슴살이라고 해도
미나리, 채소와 함께
구름이네 양념장으로 무치면
새콤달콤하면서도 부드러워져요~!

BEST 8

| 난이도 중 |
| 조리시간 10분 |
| 닭 삶는 시간 30분 |
| 냉장보관 3~5일 |

준비하기

닭	1마리

> 이어서 닭조림까지 요리하려면 2마리를 준비해주세요.

통마늘	6~7개
대파	1/2개
생강	1톨
미나리	500원동전만큼
오이	1/2개
콩나물	1/2줌
소주	1큰술
후추	

양념장

연겨자	1과 1/2큰술
설탕	1큰술
식초	2큰술
간장	1큰술
다진마늘	1큰술
물	5큰술
참기름	1/2큰술
통깨	

요리하기

1 닭 2마리의 기름 부분(목, 다리 안쪽, 엉덩이 쪽에 동그랗게 튀어나온 부분)을 제거한 뒤 냄비에 물과 닭, 통마늘, 생강, 파, 후추, 소주 1큰술을 넣고 30분간 삶아주세요.

2 삶은 닭은 닭가슴살과 촉촉살(뼈 채로)로 분리해주세요. 닭가슴살은 먹기 좋은 크기로 찢어줍니다.

3 미나리는 5cm 길이로 썰고, 오이는 단단한 부분만 돌려깎기 한 후 채 썰고, 삶은 콩나물(생략가능)을 준비해주세요.

4 연겨자 1과 1/2큰술, 설탕 1큰술, 식초 2큰술, 간장 1큰술, 다진마늘 1큰술, 물 5큰술, 참기름 1/2큰술, 통깨를 넣고 양념장을 만듭니다.

> 물 대신 콩나물 삶은 물을 사용하면 더욱 좋아요!

5 찢어놓은 닭가슴살과 미나리, 오이, 콩나물, 양념장을 넣고 버무려주세요.

Week 5

아이들이 좋아하는 단짠 닭요리

닭조림

간장 양념으로 달콤하면서도 짭조름해서
아이들이 특히 좋아해요!
촉촉살로 만들어서
부드럽기까지 하답니다.

BEST 6

- 난이도 중
- 조리시간 1시간
- 양념 재우는 시간 30분
- 냉장보관 3~5일

준비하기

삶은 닭	1마리
대파	1개
청양고추	1개
홍고추	1/2개
통깨	

양념장

간장	10큰술
굴소스	1큰술
올리고당	1큰술
소주	1큰술
다진마늘	1큰술
다진생강	1티스푼
후추	

요리하기

1 대파, 청양고추, 홍고추를 취향에 맞는 크기로 큼직하게 썰어주세요.

2 간장 10큰술, 굴소스 1큰술, 올리고당 1큰술, 소주 1큰술, 다진마늘 1큰술, 다진생강 1티스푼, 후추를 넣고 양념장을 만듭니다.

닭 삶는 방법은 앞의 닭무침과 동일합니다.

3 '닭무침'과정에서 분리해놓은 촉촉살과 양념장 1/2큰술을 넣고 버무리고, 30분 정도 재워주세요.

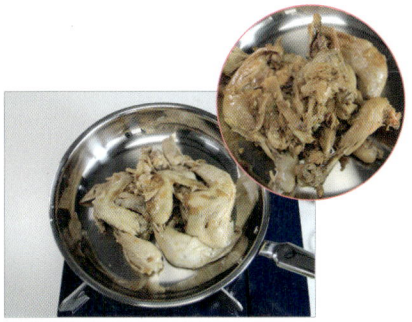

4 팬에 기름을 두르고 닭을 살짝 볶다가 물 150ml와 남은 양념장을 넣고 약불에서 20분간 졸입니다.

5 대파, 홍고추, 청양고추, 통깨를 넣고 뒤적여 마무리하세요.

Week 5

영양만점 맛도 좋은

가지전

쫄깃하면서도 부드럽고
고소하기까지 해요!
가지를 싫어하는 분들도
맛있게 드실 수 있어요.

난이도 하
조리시간 5분
냉장보관 3~4일

준비하기

가지	1개
달걀	3개
소금	1티스푼
다진마늘	1/3큰술
밀가루	
카레가루(선택)	

양념장

간장	5큰술
고춧가루	1/2큰술
다진마늘	1/2큰술
식초	2큰술
설탕	1/2큰술
부추	5~6가닥
홍고추	1/2개

요리하기

1 가지 1개를 도톰하게 어슷썰기 해주세요.

2 부추와 홍고추를 다져줍니다.

3 간장 5큰술, 고춧가루 1/2큰술, 다진마늘 1/2큰술, 식초 2큰술, 설탕 1/2큰술과 부추, 홍고추를 넣고 섞어서 양념장을 만들어주세요.

4 밀가루와 카레가루를 섞은 뒤 가지에 골고루 묻혀줍니다.

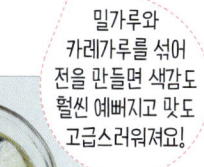

밀가루와 카레가루를 섞어 전을 만들면 색감도 훨씬 예뻐지고 맛도 고급스러워져요!

5 달걀 3개, 소금 1티스푼, 다진마늘 1/3큰술을 넣고 섞어주세요.

6 가지에 묻은 밀가루를 탈탈 털고 달걀물을 골고루 입혀줍니다.

7 팬에 기름을 두르고 가지를 올려 약불에서 익혀주세요.

8 바닥이 노릇노릇해지면 뒤집고, 뒤집은 쪽도 노릇하게 익혀줍니다.

가지 / 달걀

Week 5

속은 부드럽고 겉은 아삭한

가지소박이

이번 주는 저렴하면서
건강한 식자재인 가지로
시원한 가지소박이를
담가 보시는 건 어떠세요?

BEST 11

난이도 중
조리시간 15분
냉장보관 15일 이상

준비하기

가지	2개
부추	500원 동전만큼
양파	1개

양념장

사과	1/4개
양파	1개
홍고추	3개
고춧가루	5큰술
다진마늘	2큰술
다진생강	1/3큰술
새우젓	3큰술
설탕	2큰술
통깨	

요리하기

1 가지 2개의 밑동을 2cm 정도만 남긴 후 길게 십자(十) 모양으로 칼집을 내주고 5분간 찜기에 찐 뒤 충분히 식혀주세요.

2 양파 1개, 사과 1/4개, 홍고추 3개를 큼직하게 썰어 믹서기에 곱게 갈아줍니다.

3 부추 500원 동전만큼을 3cm 길이로 썰고 양파 1개를 채 썰어주세요.

4 3에서 간 것, 고춧가루 5큰술, 다진마늘 2큰술, 다진생강 1/3큰술, 새우젓 3큰술, 설탕 2큰술, 찹쌀풀 2큰술, 통깨를 넣고 양념장을 만듭니다.

5 양념장에 부추, 양파를 넣고 섞어줍니다.

6 가지 속에 가지소를 골고루 채워 넣어주세요.

가지 / 부추

Week 6

재료	요리	장보기	가격
느타리버섯 150g		대형마트	890원
오이 6개		재래시장	2,000원
상추 5~6줌		재래시장	1,000원
양파 10개		재래시장	2,000원
두부 1모		재래시장	1,500원
다진 돼지고기 150g		재래시장	2,000원
장보기 비용 합계			9,390원

유튜브로도 볼 수 있어요!

 구름이네 일상

- **탱**** 와우!!! 양파장아찌랑 상추겉절이는 해먹어봐야겠어요!!
- **카**** 영상 잘 보고 가요~ㅎㅎ 덕분에 밥반찬 아이디어에 도움 많이 되요^^
- ****프** 만 원으로 이렇게 먹을 수 있으면 정말 행복하겠어요~!!ㅎㅎ

느타리버섯볶음

오이소박이

양파장아찌

양파볶음

상추나물

상추겉절이

마파두부

두부까스

Week 6

담백하고 쫄깃쫄깃한

느타리 버섯볶음

고소함과 담백함을
쫄깃쫄깃한 식감으로 맛보세요!
느타리버섯 특유의 향긋한 향이
풍미를 더해줘요.

- 난이도 하
- 조리시간 5분
- 냉장보관 3~4일

준비하기

느타리버섯	150g
대파	1/2개
홍고추	1개
다진마늘	1큰술
소금	1티스푼
참기름	1큰술
통깨	

요리하기

1. 느타리버섯을 먹기 좋게 찢어줍니다.

2. 대파 1/2개와 홍고추 1개를 쫑쫑 썰어주세요.

3. 팬에 기름을 두르고 버섯, 다진마늘 1큰술, 소금 1티스푼을 넣고 버섯의 숨이 살짝 죽을 때까지 볶아주세요.

4. 홍고추를 넣고 버섯이 흐물흐물해질 때까지 볶아줍니다.

5. 불을 끄고 대파, 참기름 1큰술, 통깨를 넣고 뒤적여 마무리해주세요.

느타리버섯

Week 6

살아있는 아삭함

오이소박이

상큼하고 시원한 오이향에 아삭한 식감까지!
집 나갔던 입맛이 돌아올 거에요~

BEST 12

난이도 중
조리시간 10분
냉장보관 15일 이상

준비하기

오이	6개
양파	1개
부추	1줌

양념장

양파	1개
사과	1/4개
홍고추	3개
고춧가루	5큰술
다진마늘	2큰술
다진생강	1/3큰술
새우젓	3큰술
설탕	2와 1/2큰술
찹쌀풀	2큰술
통깨	

요리하기

1 오이 6개를 5~6cm 정도로 통썰기 하고 밑동을 2cm 정도 남긴 뒤에 길게 십자(+) 모양으로 칼집을 내줍니다.

2 양파 1개, 사과 1/4개, 홍고추 3개를 큼직하게 잘라 믹서기에 곱게 갈아주세요.

3 양파 1개를 얇게 채 썰고, 부추 500원 동전만큼을 2cm 정도 길이로 자릅니다.

4 물 500ml와 찹쌀가루 2큰술을 넣고 저어가며 걸쭉해질 때까지 끓여 찹쌀풀을 만들어주세요.

> 찹쌀풀은 냉동실에 넣어놓고 필요할 때마다 상온에 해동시켜 쓰면 편리해요!

5 2의 간 것, 고춧가루 5큰술, 다진마늘 2큰술, 다진생강 1/3큰술, 새우젓 3큰술, 설탕 2와 1/2큰술, 찹쌀풀 2큰술, 통깨를 넣어 양념장을 만듭니다.

> 남은 양념도 찹쌀풀과 마찬가지로 냉동 보관 후 사용하면 좋아요. 단, 양파나 부추를 넣지 않은 상태에서 보관해야 해요!

6 썰어놓은 양파와 부추를 넣고 섞어줍니다.

7 오이 안에 오이소를 골고루 채워 넣어요.

오이

Week 6

아삭아삭 새콤달콤

양파장아찌

양파장아찌는 짜지 않게 하는 것과
양파의 아삭함을 살리는 게 중요해요!
오래 먹을 수 있는 꿀팁은 덤이에요.

난이도 하
조리시간 5분
냉장보관 1달 이상

준비하기

양파	5개
청양고추	1~3개
간장	1컵 반~2컵
설탕	2/3큰술
소주	1/2컵
식초	1컵

요리하기

1 양파 5개를 큼직하게 썰고 청양고추도 원하는 개수만큼 큼직하게 썰어주세요.

> 오이고추나 아삭이 고추, 무를 넣어줘도 좋아요!

2 냄비에 물 1,000ml와 간장 1컵 반~2컵, 설탕 2/3큰술, 소주 1/2컵을 넣고 끓여줍니다.

3 물이 바글바글 끓어오르면 불을 끈 뒤 식초 1컵을 넣어주세요.

4 뜨거운 간장물을 양파에 부어줍니다.

> 뜨거울 때 부어야 양파의 아삭한 식감을 살릴 수 있어요!

> 1주일 이상 보관해서 먹으려면 이틀 간격으로 2번 정도 간장을 끓이고 다시 부어줘야 상하지 않아요. 단, 이때는 간장을 충분히 식혀준 뒤 부어주셔야 해요!

Week 6

달달한 양파와 매콤한 양념

양파볶음

양파의 달달함과 부드러운 식감, 그리고 매콤한 양념이 어우러져 간편하면서도 맛있는 반찬이에요.

난이도
하

조리시간
5분

냉장보관
3~5일

준비하기

양파	1개 반
대파	1/2개
다진마늘	1큰술
간장	1큰술
고추장	1큰술
고춧가루	1/2큰술
참기름	1큰술
통깨	

요리하기

1. 양파 1개 반을 0.5cm 정도 두께로 썰고 대파 1/2개는 쫑쫑 썰어 주세요.

2. 팬에 기름을 두르고 양파, 다진마늘 1큰술, 간장 1큰술, 고추장 1큰술, 고춧가루 1/2큰술을 넣고 양파가 살짝 흐물흐물해질 때까지 볶아줍니다.

3. 양파가 흐물흐물해지면 불을 끈 뒤에 참기름 1큰술, 통깨, 대파를 넣고 뒤적여 마무리해주세요.

양파

Week 6

감칠맛 나는

상추나물

간편하게 무쳐서 바로 먹을 수 있는
밥반찬이에요.
밥에 비벼 먹기에도 딱 좋아요!

- 난이도 하
- 조리시간 5분
- 냉장보관 3~4일

준비하기

상추	2줌
소금	1큰술
고추장	1큰술
된장	1/2큰술
고춧가루	1/2큰술
다진마늘	1큰술
매실액	1큰술
참기름	1큰술
통깨	

요리하기

1 물에 소금을 1큰술 넣고 끓여주세요.

2 물이 끓어오르면 상추를 넣고 15~20초 정도 데친 뒤 찬물에 헹궈 물기를 짜줍니다.

3 상추를 먹기 좋게 반으로 잘라주세요.

4 상추를 무치기 쉽게 털어주고 고추장 1큰술, 된장 1/2큰술, 고춧가루 1/2큰술, 다진마늘 1큰술, 매실액 1큰술, 참기름 1큰술, 통깨를 넣고 버무립니다.

상추

Week 6

상큼한 양념으로

상추겉절이

고기랑 같이 먹어도 맛있고,
밥반찬으로도 좋아요!
상추만으로 아삭하고 상큼한
겉절이를 만들 수 있답니다.

난이도
하

조리시간
3분

냉장보관
2~3일

준비하기

상추	2줌

양념장
고춧가루	1큰술
간장	2큰술
멸치액젓	1큰술
식초	1큰술
매실액	1큰술
다진마늘	1큰술
참기름	1큰술
통깨	

요리하기

1 상추 2줌을 먹기 좋은 크기로 잘라줍니다.

2 고춧가루 1큰술, 간장 2큰술, 멸치액젓 1큰술, 식초 1큰술, 매실액 1큰술, 다진마늘 1큰술, 참기름 1큰술, 통깨를 넣어 양념장을 만듭니다.

3 상추와 양념장을 넣고 부드럽게 버무려주세요.

상추

Week 6

바삭함 속에 촉촉함

두부까스

아이들 두부 반찬으로 안성맞춤!
바삭한 튀김 밑에는 촉촉하고
부드러운 두부가 있지요.

BEST 3

난이도
하

조리시간
6분

냉장보관
3~4일

준비하기

두부	반 모
달걀	2개
소금	약간 + 1티스푼
밀가루	
빵가루	

요리하기

1 두부 반 모를 길쭉하게 썰어주세요.

2 두부에 소금을 뿌려 밑간을 해줍니다.

3 달걀 2개, 소금 1/2티스푼을 넣고 섞어주세요.

4 두부에 밀가루를 골고루 묻혀줍니다.

5 두부에 달걀물을 입힌 뒤 빵가루를 골고루 묻혀주세요.

6 팬에 기름을 두르고 두부를 올려 약불에서 조리해줍니다.

7 바닥이 노릇해지면 뒤집어주고 뒤집은 쪽도 노릇하게 익혀주세요.

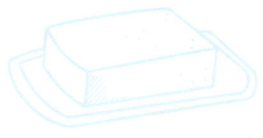

두부 / 달걀

Week 6

쓱쓱 비비면 밥 한 그릇 뚝딱

마파두부

두반장, 고추기름 없이 집에서도
간편하게 마파두부를 요리할 수 있어요!
여러 반찬 차릴 것 없이 마파두부만으로
맛있는 한 끼를 먹을 수 있죠.

난이도
중

조리시간
25분

냉장보관
3~5일

준비하기

두부	반 모
다진 돼지고기	150g
간장	1큰술
소주	1큰술
다진마늘	1큰술
다진생강	1/2티스푼
전분가루	1큰술
후추	

양념장

고추장	1큰술
된장	1큰술
고춧가루	3큰술
다진마늘	1큰술
매실액	1큰술
간장	2큰술
설탕	1큰술

요리하기

1. 두부 반 모를 취향에 맞는 크기로 큐브 모양으로 썰고 양파는 새끼손톱 정도 크기로 자릅니다.

2. 다진 돼지고기, 간장 1큰술, 소주 1큰술, 다진마늘 1큰술, 다진생강 1/2티스푼, 후추를 넣고 버무려주세요.

3. 고추장 1큰술, 된장 1큰술, 고춧가루 3큰술, 다진마늘 1큰술, 매실액 1큰술, 간장 2큰술, 설탕 1큰술을 넣고 섞어 양념장을 만듭니다.

4. 물 50ml에 전분가루 1큰술을 넣어 전분물을 만들어줍니다.

5. 팬에 기름을 두르고 돼지고기를 볶아주세요.

6. 돼지고기의 겉면이 어느 정도 익으면 양파를 넣고 양파가 살짝 투명해질 때까지 볶아줍니다.

두부 / 돼지고기

요리하기

7 양념장을 넣고 골고루 어우러지게 볶습니다.

8 물 700ml를 넣고 끓여주세요.

9 물이 끓어오르면 두부를 넣고 10~15분 정도 더 끓입니다.

10 마지막으로 전분물을 모두 넣고 5분간 더 끓여 마무리해주세요.

Week 7

재료	요리	장보기	가격
알배추 제일 큰 것 1통		대형마트	2,490원
달걀 1판		동네마트	4,000원
팽이버섯 3개		동네마트	1,000원
대패 삼겹살(1kg)		동네정육점	2,470원
장보기 비용 합계			9,960원

※ 대패 삼겹살은 9,990원에 구입하여 1/4만 사용했습니다.

유튜브로도 볼 수 있어요!

 구름이네 일상

- ****안** 구름이네와 같이 요리하면 여러 가지 반찬 만드는 것이 어렵지 않아요!!
- **김**** 알배추 하나로 요리 이것저것 할 수 있는 게 정말 좋네요!! 감사합니다^^*
- ****영** 영상보고 반찬 정말 잘 만들었습니다!!ㅎㅎ 요리 진짜 잘하시네요ㅠㅠ

알배추전

배추나물

알배추된장국

알배추김치

달걀장조림

팽이버섯대왕달걀말이

팽이버섯겨자무침

대패삼겹살롤

Week 7

씹을수록 달콤한

알배추전

알배추전은 부드러운 듯
아삭한 식감이 매력적이죠.
쪽 찢어서 간장에 찍어 먹으면 반찬으로도,
간식으로도 안성맞춤이에요!

BEST 14

난이도
하

조리시간
7분

냉장보관
3~4일

준비하기

알배추	5~6장
달걀	5개
청양고추	1개
홍고추	1개
다진마늘	1/2큰술
밀가루	3큰술
카레가루	1큰술

요리하기

1 알배추의 밑동을 잘라내고 배춧잎을 떼어내 깨끗하게 씻어줍니다.

2 청양고추 1개, 홍고추 1개를 다져주세요.

3 달걀 5개, 다진마늘 1/2개, **2**의 다진 고추를 넣고 골고루 섞어줍니다.

4 밀가루 3큰술과 카레가루 1큰술을 넣고 섞어 배춧잎에 골고루 묻힙니다.

5 밀가루를 묻힌 배춧잎에 달걀물을 골고루 묻혀주세요.

6 팬에 기름을 두르고 중약불에서 부칩니다.

7 바닥이 노릇해지면 뒤집고 뒤집은 쪽도 노릇하게 부쳐줍니다.

> 칼등으로 배추의 줄기 부분을 살살 쳐주면 부치기 좋아요!

Week 7

고소하고 담백한

배추나물

초간단 레시피로 무치는 배추나물이에요.
된장이 들어가 고소하고 담백하면서도 배추
특유의 달큰함까지 느낄 수 있어요!

난이도
하

조리시간
7분

냉장보관
3~4일

준비하기

알배추	8~10장
소금	1큰술
홍고추	1개
대파	1/2개
된장	1/2큰술
다진마늘	1/2큰술
설탕	1/2티스푼
매실액	1큰술
참기름	1큰술
통깨	

요리하기

1 알배추의 밑동을 자르고 배춧잎을 떼어내 깨끗하게 씻어주세요.

2 냄비에 물과 소금 1큰술을 넣고 끓여줍니다.

3 물이 끓어오르면 배춧잎을 넣고 2~3분 정도 데치고 찬물에 헹군 뒤 물기를 꼭 짜주세요.

4 데친 배춧잎은 먹기 좋은 크기로 자르고 홍고추 1개와 대파 1/2개를 쫑쫑 썰어주세요.

5 데친 배추, 된장 1/2큰술, 다진마늘 1/2큰술, 설탕 1/2티스푼, 매실액 1큰술, 참기름 1큰술, 통깨를 넣고 버무립니다.

6 홍고추와 대파를 넣고 가볍게 섞어 마무리해주세요.

알배추

Week 7

달큰함과 구수함의 어우러짐

알배추 된장국

날씨가 추워지면 더 생각나는 뜨뜻한 된장국.
배추가 들어가면 된장국이
더 구수하고 깊은 맛이 나요!

난이도
하

조리시간
35분

육수시간
20분

냉장보관
5~7일

준비하기

멸치육수	1,500ml
알배추	3~5장
양파	1/2개
청양고추	2개
대파	1/2개
된장	1과 1/2큰술
다진마늘	1큰술

요리하기

1 냄비에 물 1,700ml와 멸치, 다시마를 넣고 20분 정도 끓여 멸치육수를 만들어 주세요.

2 알배추를 1.5~2cm 정도 길이로 자릅니다.

> 알배추된장국을 끓일 때는 배추의 초록 부분과 노란 부분을 함께 사용하면 더욱더 맛있어요!

3 양파 1/2개를 채 썰고, 청양고추 2개는 어슷하게 썰고, 대파 1/2개는 쫑쫑 썰어주세요.

4 멸치육수 1,500ml에 된장 1과 1/2큰술, 양파를 넣고 중불에서 15분 정도 끓입니다.

5 알배추, 다진마늘 1큰술을 넣고 중약불에서 15분 정도 더 끓여주세요.

6 마지막으로 청양고추, 대파를 넣고 5분 정도 더 끓여 마무리합니다.

알배추

Week 7

김장김치와는 또 다른 맛

알배추김치

가끔 아삭아삭한 갓 담근 김치가
먹고 싶은 날이 있죠?
그때그때 한 포기씩
담가 먹기 아주 좋아요

BEST 2

난이도 중

조리시간 10분

절이는 시간 1시간

냉장보관 1달 이상

준비하기

알배추	1/3통
천일염	1주먹
양파	1/2개
대파	1/2개
찹쌀가루	2큰술

양념장

양파	1/2개
사과	1/4개
홍고추	2개
찹쌀풀	2큰술
고춧가루	10큰술
설탕	2와 1/2큰술
굵은소금	1큰술
멸치액젓	5큰술
새우젓	2큰술
다진마늘	3큰술
다진생강	1/3큰술
통깨	

> **6** 찹쌀풀은 충분히 식힌 뒤 사용합니다. 그렇지 않으면 채소가 익어버릴 수도 있어요. 남은 찹쌀풀은 냉동 보관한 뒤 다시 사용할 때 상온에 해동시키면 됩니다!

> 양념장도 찹쌀풀과 마찬가지로 냉동 보관한 뒤 상온에 해동시켜 재사용하면 좋아요!

요리하기

1 알배추의 밑동을 잘라내고 배춧잎을 떼어내 깨끗하게 씻어줍니다.

2 배추와 물, 천일염 1주먹을 넣고 1시간 정도 절여줍니다.

3 절인 배추는 2번 정도 헹군 뒤 물기를 충분히 빼놓습니다.

4 양파 1/2개, 사과 1/4개, 홍고추 2개를 큼직하게 썰고 믹서기에 곱게 갈아줍니다.

5 양파 1/2개를 채 썰고 대파 1/2개는 얇게 어슷썰기 해주세요.

6 물 500ml와 찹쌀가루 2큰술을 넣고 걸쭉해질 때까지 끓여 찹쌀풀을 만듭니다.

7 4의 간 것, 고춧가루 10큰술, 설탕 2와 1/2큰술, 굵은소금 1큰술, 멸치액젓 5큰술, 새우젓 2큰술, 다진마늘 3큰술, 다진생강 1/3큰술, 찹쌀풀 2큰술, 통깨를 넣어 양념장을 만듭니다.

8 배추, 양파, 대파, 양념장을 넣고 골고루 버무립니다.

알배추

Week 7

단짠 밥도둑

달걀장조림

한 번 만들어서 냉장고에
넣어두면 일주일 반찬 걱정 끝!
달걀장조림은 아이, 어른 할 것 없이
좋아하는 반찬이죠.

BEST 5

난이도
하

조리시간
35분

냉장보관
5~15일

준비하기

달걀	10개
소금	1큰술
식초	1큰술
간장	1컵
소주	2/3컵
설탕	2와 1/2큰술
올리고당	2큰술

요리하기

1 냄비에 물과 소금 1큰술, 식초 1큰술을 넣고 끓이세요.

2 물이 끓어오르면 달걀 10개를 넣고 5~6분 정도 삶아줍니다.

> 소금과 식초를 넣고 달걀을 삶으면 잘 터지지 않아요!

3 삶은 달걀은 찬물에 담가놨다가 껍질을 까놓습니다.

4 냄비에 물 3컵, 간장 1컵, 소주 2/3컵, 설탕 2와 1/2큰술, 올리고당 2큰술을 넣고 끓여주세요.

5 물이 끓어오르면 달걀을 넣고 센 불에서 5분 정도 끓이다가 중약불로 줄여 20분 정도 더 끓입니다.

Week 7

아삭아삭 식감이 재미있는

팽이버섯 대왕달걀말이

팽이버섯의 아삭함과
달걀의 부드러움이 만났어요.
이번 주는 보들보들하게 팽이버섯과
달걀을 함께 말아보는 건 어떨까요?

난이도 하
조리시간 7분
냉장보관 3~4일

준비하기	
팽이버섯	1개(약 150g)
청양고추	1개
홍고추	1개
달걀	5개
소금	1티스푼

요리하기

1. 팽이버섯을 1.5cm 정도 길이로 자르고, 청양고추, 홍고추를 다 집니다.

2. 달걀 5개, 소금 1티스푼, 팽이버섯과, 다진 고추를 넣고 골고루 섞어줍니다.

3. 팬에 기름을 두르고 달걀물을 넣습니다.

4. 가장자리가 1cm 정도 익으면 천천히 말아줍니다.

> 바닥이 샛노란 색일 때 말아줘야 달걀말이의 속이 예뻐요!

> 달걀말이가 두껍기 때문에 전부 다 말고 나서 앞뒤로 조금 더 익혀주는 것이 좋아요.

5. 달걀물을 부어가며 계속 반복해 말아줍니다.

> 완성된 달걀말이는 2분 정도 식힌 후, 썰면 부서지지 않고 썰 수 있어요.

팽이버섯 / 달걀

Week 7

톡톡 쏘는 매력

팽이버섯 겨자무침

아삭한 팽이버섯을 겨자로 무쳐서
새콤달콤한 맛까지 느낄 수 있어요!
한 번 먹으면 그 맛을 잊기 어려워요~

BEST 17

| 난이도 |
| 하 |
| 조리시간 |
| 7분 |
| 냉장보관 |
| 2~4일 |

준비하기

팽이버섯	1개(약 150g)
당근	1/4개
홍고추	1/2개

양념장

연겨자	1큰술
식초	2큰술
간장	1큰술
매실액	1큰술
다진마늘	1/3큰술

요리하기

1 당근은 채 썰고, 홍고추는 쫑쫑 썰어줍니다.

2 냄비에 물과 소금 1큰술을 넣고 끓여주세요.

3 물이 끓어오르면 팽이버섯을 넣고 20~30초 정도 데친 다음 물기를 꼭 짜줍니다.

4 연겨자 1큰술, 식초 2큰술, 간장 1큰술, 매실액 1큰술, 다진마늘 1/3큰술을 넣고 양념장을 만들어주세요.

5 팽이버섯, 당근, 홍고추, 양념장을 넣고 버무립니다.

팽이버섯

Week 7

비주얼과 맛, 모두 좋은

대패 삼겹살롤

안에 채소를 넣어서 전혀 느끼하지 않아요!
밥 없이 간식으로도 좋고,
반찬으로도 딱이에요!

난이도
하

조리시간
10분

냉장보관
2~4일

준비하기

대패 삼겹살	250g
홍고추	1개
청양고추	1개
당근	1/3개
팽이버섯	1개(약 150g)
후추	

요리하기

1 청양고추, 홍고추, 당근을 0.5cm 정도 두께로 길게 썰어주세요.

2 취향에 맞게 팽이버섯, 청양고추, 홍고추, 당근을 대패삼겹살에 넣고 말아줍니다.

3 말아놓은 대패삼겹살 위에 후추를 조금 뿌려주세요.

4 기름을 두르지 않은 팬에 대패삼겹살의 이음새 부분이 밑으로 가게 올려 구워요.

5 바닥이 노릇노릇해지면 뒤집어서 마저 노릇하게 구워줍니다.

> '팽이버섯 겨자무침'에서 만들었던 소스를 찍어 먹으면 더욱더 맛있어요!

Week 8

재료	요리	장보기	가격
콩나물 5~6줌		재래시장	1,000원
새송이버섯 2봉(약 8~10개)		대형마트	3,490원
오징어 1마리		재래시장	3,000원
게맛살 1봉(5개입)		대형마트	1,190원
양파 3개		대형마트	1,470원
장보기 비용 합계			10,150원

유튜브로도 볼 수 있어요!

 구름이네 일상

**진 영상도 깔끔하고 설명도 간단명료해서 귀에 쏙쏙! 많이 배우고 집에서 해보게 되네용~
**양 저렴한 가격인데도 품위있는 특별한 요리가 되었네요~ 맛있어 보여서 해먹어야겠어요!!
**영 맛잇는 반찬만들기 쉽네요^^* 많은 도움이 될 것 같아요!

오징어볶음

새송이버섯전

새송이버섯볶음

새송이버섯조림

게맛살까스

게맛살양파볶음

콩나물겨자무침

콩나물밥

콩나물전

Week 8

매콤한 맛에 반했어요

오징어볶음

쫄깃한 오징어에 매콤한 양념이 쏙~!
밥반찬으로 좋고 덮밥으로
즐겨도 정말 좋아요!

| 난이도 |
| 하 |
| 조리시간 7분 |
| 숙성시간 30분 |
| 냉장보관 3~5일 |

준비하기

오징어	2마리
양파	1/2개
청양고추	1개
홍고추	1/2개
대파	1/2개
당근	1/4개
참기름	1큰술
올리고당	1큰술
통깨	

양념장

고추장	2큰술
고춧가루	1큰술
간장	2큰술
매실액	2큰술
소주	2큰술
다진마늘	1큰술
다진생강	1/3큰술
설탕	1큰술
후추	

요리하기

1 오징어 2마리의 몸통은 동그랗게 썰고 다리는 먹기 좋게 자릅니다.

2 양파는 큼직하게 썰고, 당근은 어슷하게 썰어 반으로 자르고, 청양고추, 홍고추, 대파는 큼직하게 잘라주세요.

3 고추장 2큰술, 고춧가루 1큰술, 간장 2큰술, 매실액 2큰술, 소주 2큰술, 다진마늘 1큰술, 다진생강 1/3큰술, 설탕 1큰술, 후추를 넣고 양념장을 만듭니다.

4 오징어와 양념장을 넣고 버무려 냉장고에서 30분 이상 숙성시켜 주세요.

5 팬에 기름을 두르고 오징어가 통통해질 때까지 센 불에서 볶아줍니다.

6 오징어가 통통해지면 양파, 당근을 넣고 오징어가 완전히 익을 때까지 중불에서 볶아주세요.

7 청양고추와 홍고추를 넣고 1~2분 정도 더 볶습니다.

8 마지막으로 대파, 참기름 1큰술, 올리고당 1큰술, 통깨를 넣고 뒤적여주고 마무리합니다.

Week 8

쫄깃쫄깃한 식감

새송이 버섯전

향기로운 향과 부드러우면서도
쫄깃하게 씹히는 새송이버섯!
고소하게 전으로 부쳐봤어요.

난이도 하
조리시간 7분
냉장보관 3~4일

준비하기	
새송이버섯	2개
청양고추	1개
홍고추	1개
달걀	3개
소금	1/2티스푼
밀가루	
카레가루	

요리하기

1. 새송이버섯 2개를 0.5cm 정도 두께로 자르고 청양고추와 홍고추는 다져줍니다.

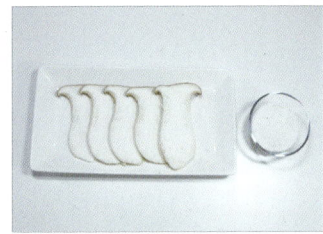

2. 새송이버섯에 소금으로 간을 해요.

3. 밀가루와 카레가루를 섞어 새송이버섯에 골고루 묻힙니다.

4. 달걀 3개, 소금 1/2티스푼, 다진 고추를 넣고 섞어주세요.

5. 밀가루를 묻힌 새송이버섯에 달걀물을 골고루 묻힙니다.

6. 팬에 기름을 두르고 약불에서 새송이버섯을 구워줍니다.

7. 바닥이 노릇해지면 뒤집고 뒤집은 쪽도 노릇하게 익혀주세요.

새송이버섯

Week 8

영양만점 달콤함

새송이 버섯볶음

새송이버섯은 고기 부럽지 않은
식감을 가지고 있죠.
그리고 볶다 보면 향긋한 버섯향에
군침을 흘리고 있을지도 몰라요!

난이도
하

조리시간
7분

냉장보관
3~5일

준비하기

새송이버섯	2개
양파	1/4개
홍고추	1개
대파	1/2대
당근	1/4개
참기름	1큰술
통깨	

양념장

간장	1큰술
소주	1큰술
올리고당	1큰술
다진마늘	1큰술

요리하기

1 새송이버섯 2개를 반으로 자른 뒤 0.3~0.5cm 정도 두께로 자릅니다.

2 다시 길게 반으로 잘라주세요.

3 양파 1/4개와 당근을 채 썰고, 홍고추와 대파는 쫑쫑 썰어줍니다.

4 간장 1큰술, 소주 1큰술, 올리고당 1큰술, 다진마늘 1큰술을 넣어 양념장을 만듭니다.

5 팬에 기름을 두르고 버섯의 숨이 죽을 때까지 센 불에서 볶아주세요.

6 양념장, 양파, 당근을 넣고 중불에서 5분 정도 더 볶습니다.

모자란 간은 소금으로 해주세요!

7 다 됐으면 불을 끄고 참기름 1큰술, 통깨, 대파를 넣고 뒤적여 마무리합니다.

새송이버섯

Week 8

건강한 밑반찬

새송이 버섯조림

쫄깃쫄깃하면서도 부드럽고
맛도 자극적이지 않고 적당히 짭조름해요!
버섯 잘 안 먹는 아이들도
좋아하는 반찬이에요.

- 난이도 하
- 조리시간 7분
- 냉장보관 3~4일

준비하기

새송이버섯	2개
매실액	1큰술
참기름	1/2큰술

양념장

간장	1큰술
소주	3큰술
설탕	1/2큰술
다진마늘	1/2큰술

요리하기

1 새송이버섯 2개를 0.5cm 정도 두께로 썰고, 파의 초록 부분은 쫑쫑 썰어줍니다.

2 간장 1큰술, 소주 3큰술, 설탕 1/2큰술, 다진마늘 1/2큰술을 넣고 골고루 섞어 양념장을 만듭니다.

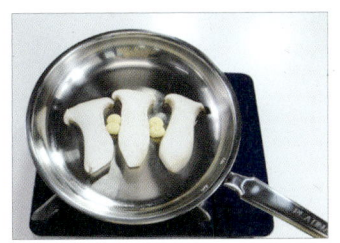

버터가 없다면 식용유를 1/2큰술 정도 더 넣어주세요!

3 팬에 버터, 식용유 1/2큰술을 넣은 뒤 새송이버섯을 올려 앞뒤로 노릇하게 구워주세요.

4 노릇하게 구워졌으면 양념장을 넣고 약불에서 반 정도 졸여줍니다. 양념이 반 정도 줄어들면 매실액을 1큰술 넣고 자작하게 졸여주세요.

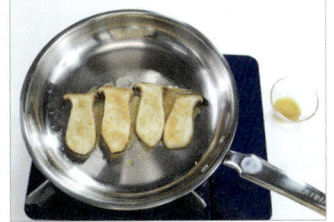

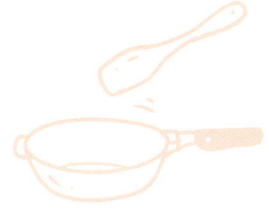

5 양념이 자작하게 졸았으면 참기름 1/2큰술을 넣고 1분 정도 더 졸이고, 대파와 통깨를 뿌려 마무리합니다.

새송이버섯

Week 8

이런 맛은 처음일걸?

게맛살까스

속은 맛살 특유의 촉촉함이 느껴지고
겉은 튀김옷의 바삭함이 살아있어요!
손쉽게 만들 수 있어서 생각날 때마다
간식으로 먹기도 좋아요.

BEST 10

난이도
하

조리시간
5분

냉장보관
3~4일

준비하기

게맛살	2개
달걀	4~5개
빵가루	

요리하기

1 게맛살 2개를 삼등분해서 잘라주고 밀가루를 골고루 묻혀주세요.

2 달걀 4~5개를 곱게 풀어줍니다.

3 게맛살에 달걀물을 골고루 묻힌 뒤에 빵가루도 골고루 묻혀주세요.

4 팬에 기름을 넉넉하게 두른 뒤, 게맛살을 올려 약불에서 튀기듯이 구워줍니다.

5 바닥이 노릇노릇해지면 뒤집고 뒤집은 쪽도 노릇하게 구워주세요.

게맛살 / 달걀

Week 8

게맛살과 양파의 달콤한 만남

게맛살 양파볶음

아삭아삭한 양파와 한 번씩 씹히는 게맛살의 조화가 일품이에요! 밥이랑 쓱쓱 비벼 먹어도 정말 맛있을 것 같지 않나요?

난이도 하

조리시간 5분

냉장보관 3~5일

준비하기

양파	2개
게맛살	2개
대파	1/2개
홍고추	1개
다진마늘	1/2큰술
간장	1큰술
굴소스	1/3큰술
참기름	1큰술
통깨	

요리하기

1 양파 2개를 0.5cm 정도 두께로 채 썰고, 게맛살은 어슷썰기, 대파와 홍고추는 쫑쫑 썰어주세요.

2 팬에 기름을 두른 뒤 양파를 넣고 센 불에서 볶습니다.

3 양파의 가장자리가 살짝 투명해지면 다진마늘 1/2큰술, 간장 1큰술, 굴소스 1/3큰술을 넣고 3분 정도 볶아주세요.

4 게맛살을 넣고 2~3분간 더 볶습니다.

5 홍고추, 대파, 참기름 1큰술, 통깨를 넣고 뒤적여 마무리해주세요.

게맛살 / 양파

Week 8

코가 뻥 뚫리는

콩나물 겨자무침

톡톡 쏘는 겨자향과
아삭아삭한 콩나물이 만났어요.
겨자를 싫어하는 사람들도
맛있게 먹을 수 있어요!

난이도
하

조리시간
10분

냉장보관
3~4일

준비하기	
콩나물	1줌 반
게맛살	1개
소금	1큰술
홍고추	1개
대파	1/2개
참기름	1큰술
통깨	

양념장	
연겨자	1큰술
간장	2큰술
식초	2큰술
매실액	1/2큰술
다진마늘	1/2큰술

요리하기

1 냄비에 물과 소금 1큰술을 넣고 끓입니다.

2 물이 끓어오르면 콩나물을 넣고 3분 정도 삶은 다음, 찬물에 헹궈 물기를 빼주세요.

> 콩나물 삶은 물은 콩나물밥과 콩나물전에도 사용되니 버리지 말 것.

3 연겨자 1큰술, 간장 2큰술, 식초 2큰술, 매실액 1/2큰술, 다진마늘 1/2큰술을 넣고 양념장을 만듭니다.

4 게맛살을 어슷하게 썰고, 홍고추와 대파는 쫑쫑 썰어주세요.

5 콩나물, 게맛살, 홍고추, 대파, 양념장, 참기름 1큰술, 통깨를 넣고 버무립니다.

> 모자란 간은 소금으로 해주세요!

콩나물

Week 8

반찬이 필요 없는

콩나물밥

구름이네 특제 양념장으로
더욱더 맛있는 콩나물밥이에요.
표고버섯이나 대추, 밤, 은행을 넣으면
영양밥으로 먹을 수도 있답니다!

난이도
하

조리시간
5분

밥 짓는 시간
30분

냉장보관
2~3일

준비하기

콩나물	1줌

양념장

대파	1/2개
청양고추	1개
홍고추	1개
당근	1/4개
간장	5큰술
매실액	1큰술
설탕	1/2큰술
다진마늘	1/2큰술
고춧가루	1큰술
참기름	1큰술
통깨	

요리하기

1 대파, 청양고추, 홍고추, 당근을 다져주세요.

2 1의 다진 채소, 간장 5큰술, 매실액 1큰술, 설탕 1/2큰술, 다진마늘 1/2큰술, 고춧가루 1큰술, 참기름 1큰술, 통깨를 넣어 양념장을 만들어줍니다.

3 쌀과 콩나물 삶은 물 420ml에 콩나물 1줌을 넣고 밥을 합니다.

4 밥 위에 양념장을 올려주세요.

콩나물

Week 8

아삭아삭 고소한

콩나물전

가끔 해 먹으면 정말 맛있답니다.
전으로 부쳐도 콩나물 특유의
아삭한 식감이 살아있어요!

난이도
하

조리시간
8분

냉장보관
3~4일

준비하기

반죽

삶은 콩나물	1줌
청양고추	1개
홍고추	1개
다진마늘	1/2큰술
소금	1티스푼
밀가루	5큰술
달걀	2개

요리하기

1 청양고추 1개와 홍고추 1개를 반으로 갈라 쫑쫑 썰어주세요.

2 삶은 콩나물, 청양고추, 홍고추, 다진마늘 1/2큰술, 소금 1티스푼, 밀가루 5큰술, 달걀 2개, 콩나물 삶은 물을 넣고 반죽을 만듭니다.

밀가루와 콩나물 삶은 물, 달걀의 양은 입맛에 맞게 조절해주세요!

3 팬에 기름을 두르고 반죽을 올려 약불에서 조리합니다.

4 바닥이 노릇해지면 뒤집고 뒤집은 쪽도 노릇하게 익혀주세요.

콩나물 / 달걀

Week 9

재료	요리	장보기	가격
파래 2~3줌		재래시장	2,000원
시래기 4줌		재래시장	2,000원
고등어 1마리		재래시장	2,500원
무 1개		재래시장	2,000원
양파 1개		대형마트	490원
장보기 비용 합계			8,990원

※ 고등어는 2마리에 5,000원을 주고 구입하여 1마리만 사용하였습니다.

유튜브로도 볼 수 있어요!

또** 구름이 엄마 살림꾼이네요^0^
서** 뚝딱뚝딱 따라하기 쉽고 정말 잘하시네요~ 당장 해먹어야 되겠어요!!^^
강** 냉장고 열어 보고 매일 한숨만 쉬었는데 이제 척척 요리를 해냅니당~!

 구름이네 일상

고등어무조림

무생채 (레시피는 84p. 참고)

시래기된장지짐

시래기된장국

파래무침

파래전

Week 9

국민 생선 반찬

고등어 무조림

고등어 무조림은 비린 맛 없이
조리는 게 관건이에요.
뜨거운 밥 위에 살살 녹는 무와 고등어를
올려 먹으면 정말 맛있겠죠?

난이도
중

조리시간
55분

냉장보관
3~5일

준비하기

고등어	1마리
무	1/3개
양파	1/2개
청양고추	2개
대파	1/2개
고춧가루	1큰술
간장	2큰술
고추장	1큰술
다시마	1장
소주	4큰술
참기름	1큰술

양념장

고추장	1큰술
고춧가루	2큰술
설탕	1큰술
간장	1큰술
다진마늘	1큰술
다진생강	1/3큰술

요리하기

1 무를 2cm 정도 두께로 통썰기 하고 사 등분 합니다. 양파 1/2개를 채 썰고, 청양고추 2개는 어슷하게 썰고, 대파 1/2개는 3cm 길이로 썰어주세요.

2 고추장 1큰술, 고춧가루 2큰술, 설탕 1큰술, 간장 1큰술, 다진마늘 1큰술, 다진생강 1/3큰술을 넣고 양념장을 만들어주세요.

3 냄비에 무, 다시마, 물 300ml, 고춧가루 1큰술, 간장 2큰술, 고추장 1큰술을 넣고 센 불에서 끓입니다. 물이 끓어오르면 중약불로 줄여 20분간 더 끓여주세요.

4 무가 익으면 양파, 고등어, 양념장, 소주 4큰술, 물 300ml를 넣고 중약불에서 20분간 더 끓입니다.

> 고등어는 물이 끓어오를 때 넣고, 국물을 끼얹어가면서 끓여야 비린내가 나지 않아요.

> 국물이 끓고 있을 때 소주를 2큰술 정도 더 넣어주면 알코올과 함께 비린내가 날아가서 더욱더 좋아요.

5 마지막으로 대파, 청양고추, 참기름 1큰술을 넣고 10분 정도 더 끓여 마무리합니다.

고등어 / 무

Week 9

사르르 녹으며 퍼지는 구수함

시래기 된장지짐

된장의 구수한 맛과 입 안에서
살살 녹는 시래기의 맛이 정말 끝내줘요!
민물 새우를 넣고
지져 먹어도 정말 맛있어요.

난이도 하

조리시간 40분

육수시간 20분

냉장보관 4~7일

준비하기

시래기	2줌 반
멸치육수	600ml
대파	1/2개
된장	1과 1/2큰술
다진마늘	1큰술
소주	2큰술
설탕	1큰술
간장	1큰술
고춧가루	1큰술
참기름	1큰술
통깨	

요리하기

1 물 1,000ml와 멸치, 다시마를 넣고 20분간 끓여 육수를 만듭니다.

2 대파 1/2개를 다져주세요.

3 시래기에 된장 1과 1/2큰술, 다진마늘 1큰술, 소주 2큰술, 설탕 1큰술, 간장 1큰술, 고춧가루 1큰술, 참기름 1큰술을 넣고 조물조물 버무립니다.

4 냄비에 시래기와 멸치육수 600ml를 넣고 끓입니다.

> 시래기 특유의 향을 싫어한다면 다진 생강을 조금 넣어주면 시래기 비린내를 없앨 수 있어요.

5 물이 끓어오르면 중약불로 줄여 30분 정도 졸여주세요.

6 다진 대파를 넣고 5분간 더 졸입니다.

7 마지막으로 통깨를 넣고 5분 정도 더 끓여 마무리해주세요.

시래기 / 된장

Week 9

구수하면서도 시원한 국물

시래기 된장국

은은하면서 구수하고
시래기 특유의 시원한 맛이 나요.
밥 두어 숟가락만 말아서
후루룩~드셔보세요!

BEST 15

난이도
하

조리시간
30분

육수시간
20분

냉장보관
4~7일

준비하기

시래기	1줌 ~ 1줌 반
멸치육수	1,200ml
양파	1/2개
청양고추	1개
대파	1/2개
된장	1과 1/2큰술
다진마늘	1큰술
다진생강	1/3큰술

요리하기

1. 물 1,500ml와 멸치 1주먹, 다시마를 넣고 20분간 끓여 멸치육수를 만듭니다.

2. 양파 1/2개를 채 썰고, 청양고추 1개와 대파 1/2개는 어슷하게 썰어주세요.

3. 시래기 1줌, 된장 1과 1/2큰술, 다진마늘 1큰술, 다진생강 1/3큰술을 넣고 버무립니다.

4. 멸치육수, 시래기, 양파를 넣고 끓이다가 물이 끓어오르면 중약불로 줄여 15분 정도 더 끓여주세요.

다 끓인 후 모자란 간은 소금으로 해주세요!

5. 마지막으로 청양고추와 대파를 넣고 5~10분 정도 더 끓여 마무리합니다.

시래기 / 된장

Week 9

새콤달콤 제철 밑반찬

파래무침

새콤달콤하고 파래향이 입안 가득 퍼져요!
여기에 배를 채 썰어
넣어주면 더욱더 달콤해요.

난이도
하

조리시간
5분

냉장보관
2~3일

준비하기

파래	1줌 ~ 1줌 반
얇게 통썰기 한 무	3장
홍고추	1/2개
양파	1/2개
식초	3큰술
설탕	1큰술
소금	1/3큰술
마늘즙	1큰술
생강즙	1티스푼
통깨	

요리하기

1 무를 최대한 얇게 통썰기 한 후 채 썰고, 홍고추 1/2개는 쫑쫑, 양파 1/2개는 채 썰어줍니다.

2 파래를 깨끗하게 씻어 물기를 꼭 짜주세요.

파래를 살짝 데쳐주면 식감과 색감이 훨씬 좋답니다.

볼에 물을 받아놓고 소쿠리에 파래를 넣어 씻으면 쉽게 씻을 수 있어요!

3 파래, 무, 양파, 식초 3큰술, 설탕 1큰술, 소금 1/3큰술, 마늘즙, 생강즙, 통깨를 넣고 버무립니다.

배를 채 썰어서 넣어주면 더욱더 맛있어요!

마늘과 생강은 깔끔한 모양과 맛을 내기 위해 즙을 사용합니다.

파래 / 무

Week 9

바다향이 입 안 가득

파래전

고소한 맛과 동시에
바다향을 한껏 느낄 수 있어요!
얇게 부쳐야 더욱더
바삭하고 맛있답니다.

난이도
하

조리시간
10분

냉장보관
2~3일

준비하기	
홍고추	1개
반죽	
파래	1줌
밀가루	
소금	

요리하기

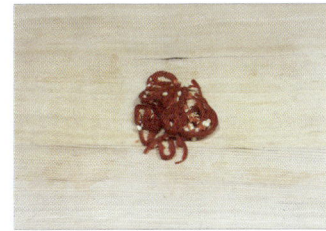

1. 홍고추를 쫑쫑 썰어주세요.

2. 파래, 밀가루, 소금, 물을 넣고 섞어줍니다.

> 밀가루와 소금, 물의 양은 취향에 맞게 조절해주세요!

3. 팬에 기름을 두르고 파래 반죽을 1수저씩 떠서 올려줍니다.

4. 홍고추도 예쁘게 올려준 뒤 약불에서 조리합니다.

5. 바닥이 노릇노릇해지면 뒤집고 뒤집은 쪽도 노릇하게 부쳐주세요.

파래

Week 10

재료	요리	장보기	가격
미나리 2~3줌		재래시장	2,000원
단호박 2개		대형마트	2,400원
오이 4개		재래시장	2,000원
달걀 5개		재래시장	700원
양파 1개		대형마트	490원
당근 1개		대형마트	1,000원
홍고추 8개		동네마트	2,000원
장보기 비용 합계			10,590원

※ 단호박은 4개를 4,800원에 구입하여 2개만 사용하였습니다.
　달걀은 30구 1판을 4,000원에 구입하여 5개만 사용하였습니다.

유튜브로도 볼 수 있어요!

박** 자취하는데 너무 도움이 돼요! 항상 감사합니다. 덕분에 인스턴트 아닌 음식 먹고 있어요 :)
먹** 저렴한 가격으로 만드는 일주일 반찬 레시피, 저같은 사람에겐 최고의 만찬이네요!!
**자 구름이네 레시피로 일주일 반찬 걱정 끝~~!!

 구름이네 일상

미나리무침 (레시피는 104p. 참고)

미나리달걀말이

미나리전병

오이나물

오이냉국 (레시피는 74p. 참고)

오이무침 (레시피는 76p. 참고)

단호박조림

단호박볶음

단호박샐러드

Week 10

달걀, 봄을 만나다

미나리 달걀말이

미나리 특유의 향긋하고
아삭한 식감이 살아있어요!
평범한 게 싫으신 분들은 마요네즈를
한 번 찍어 드셔 보세요!

난이도 하
조리시간 7분
냉장보관 2~3일

준비하기	
미나리	500원 동전만큼
달걀	5개
홍고추	1개
소금	1/2티스푼

요리하기

1 미나리 500원 동전만큼을 쫑쫑 썰고, 홍고추는 다져줍니다.

2 달걀 5개, 미나리, 홍고추, 소금 1/2티스푼을 넣고 골고루 섞어주세요.

3 팬에 기름을 두르고 달걀물을 부어 약불에서 익혀줍니다.

4 가장자리가 어느 정도 익으면 천천히 말아주세요.

5 달걀물을 보충해가며 계속 말아줍니다.

> 달걀말이가 두꺼워 속이 잘 안 익기 때문에 전부 말고 나서 앞뒤로 조금 더 익혀주는 것이 좋아요!

미나리 / 달걀

Week 10

저절로 손이 가요~

미나리전병

전병 특유의 쫀득한 식감이 특징이에요.
거기에 미나리의 향긋함과
아삭함도 살아있어요!

난이도
하

조리시간
5분

냉장보관
2~3일

준비하기	
미나리	500원 동전만큼
홍고추	1개
반죽	
찹쌀가루	4큰술
밀가루	2큰술
소금	1/2티스푼
물	50ml

요리하기

1 미나리의 잎 부분을 3cm 정도 길이로 자르고, 홍고추는 반으로 가른 뒤 쫑쫑 썰어주세요.

2 찹쌀가루 4큰술, 밀가루 2큰술, 소금 1/2티스푼, 물 50ml를 넣어 반죽을 만듭니다.

3 팬에 기름을 두르고 반죽 1수저를 올려주고 그 위에 미나리와 홍고추를 예쁘게 올려 약불에서 익혀주세요.

전병은 뒤집지 않아요!

미나리

Week 10

절여도 살아있는 아삭함

오이나물

오이나물은 담백하면서
시원한 맛을 느낄 수 있어요!
꼬들꼬들한 오이나물이랑 먹다 보면
밥 한 공기 금방이겠죠?

- 난이도: 하
- 조리시간: 5분
- 절이는 시간: 30분
- 냉장보관: 3~5일

준비하기	
오이	2개
홍고추	1개
대파	1/2개
천일염	2큰술
다진마늘	1큰술
소금	1티스푼
참기름	1큰술
통깨	

요리하기

1. 오이 2개를 0.2cm 두께로 얇게 통 썰고, 홍고추와 대파도 얇게 통썰기 해주세요.

2. 오이가 잠길 정도로 물을 부은 뒤 천일염 2큰술을 넣고 30분간 절입니다.

3. 절인 오이는 찬물에 2번 정도 씻어준 뒤 물기를 최대한 짜줍니다.

> 오이의 물기를 많이 짜줄수록 오이의 식감이 꼬들꼬들해져요.

4. 팬에 기름을 두르고 오이, 다진마늘 1큰술, 소금 1티스푼을 넣고 약불에서 5분간 볶아줍니다.

5. 불을 끈 뒤 김을 식히고 홍고추, 다진 파, 참기름 1큰술, 통깨를 넣고 뒤적여 마무리해주세요.

오이

Week 10

건강하게 달다

단호박조림

단호박조림은 직접 하기 어렵다고 생각하시는 분들이 의외로 많은데, 사실은 집에서도 간단하게 해 먹을 수 있는 요리에요. 이번에 도전해보는 건 어떨까요?

난이도
하

조리시간
30분

냉장보관
3~5일

준비하기

단호박	1/2개
물엿	1컵
물	1과 1/2컵
간장	1큰술

요리하기

1 단호박을 자른 뒤 씨를 긁어냅니다.

2 단호박을 먹기 좋게 다시 반으로 잘라줍니다.

> 전자레인지에 2~4분 정도 돌려주면 쉽게 자를 수 있어요!

3 냄비에 단호박과 물 300ml를 넣고 5~10분 정도 쪄주세요.

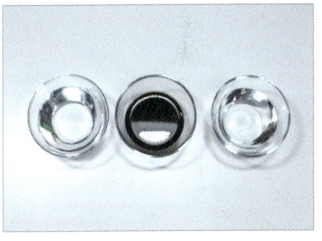

4 물엿 1컵, 물 1과 1/2컵, 간장 1큰술을 넣어 골고루 섞어줍니다.

> 간장은 입맛에 따라 생략도 가능해요!

5 단호박에 양념을 넣고 20분 정도 약불에서 조려주세요.

단호박

Week 10

입 안에서 사르르 녹는 달콤함

단호박볶음

단호박볶음은 애호박볶음과는
색다른 맛이에요.
식감이 정말 부드럽고 달콤함을
제대로 느낄 수 있답니다!

난이도
하

조리시간
10분

냉장보관
3~5일

준비하기

단호박	1/4개
홍고추	1개
대파	1/2개
다진마늘	1/2큰술
소금	1티스푼
통깨	

전자레인지에 돌린 후 감자칼로 껍질을 긁어주면 쉽게 벗길 수 있어요!

요리하기

1 단호박의 껍질을 벗기고 먹기 좋은 크기로 자릅니다. 홍고추와 대파는 쫑쫑 썰어주세요.

2 팬에 기름을 두르고 단호박, 다진마늘 1/2큰술, 소금 1티스푼을 넣고 약불에서 5분 정도 볶아줍니다.

3 대파, 홍고추, 통깨를 넣고 1~2분 정도 더 볶아 마무리해주세요.

단호박

Week 10

이색 반찬이자 인기 간식

단호박 샐러드

은은한 단맛과 고소한 맛이 어우러져서 정말 맛있어요! 플레인 요거트를 넣어주면 디저트로 즐길 수 있어요.

난이도 하

조리시간 10분

냉장보관 3~4일

| 준비하기 | 요리하기 |

단호박	1/2개
마요네즈	1큰술
꿀	1큰술

1 단호박을 찌기 좋은 크기로 자릅니다.

2 냄비에 물 500ml을 넣고 10분 정도 쪄주세요.

> 포크를 사용하면 쉽게 으깰 수 있어요.

3 단호박을 으깨줍니다.

4 마요네즈 1큰술, 꿀 1큰술을 넣고 골고루 섞어줍니다.

> 머스터드 소스도 함께 넣어주면 좋아요!

단호박

Week 11

재료	요리	장보기	가격
달걀 1판		재래시장	3,000원
분홍소시지 1개		동네마트	1,990원
감자 2개		대형마트	1,380원
시금치 4줌		재래시장	2,000원
양파 2개		대형마트	980원
청양고추 약 10~15개		대형마트	1,500원
대파 2~3개		대형마트	1,500원
장보기 비용 합계			12,350원

유튜브로도 볼 수 있어요!

 구름이네 일상

민** 이런 팁 너무 많이 알려주시면 너무 고맙잖아요~~~쉽게 알려주셔서 감사합니다!^^*
흔** 와~ 일주일 반찬 해결했어요! 감사해요~!ㅎㅎ
배** 부침, 볶음, 달걀장 다 먹고 싶어요. 어쩜 요리를 이렇게 잘하세요~!

마약달걀장

시금치무침

시금치덮밥

분홍소시지부침 (레시피는 50p. 참고)

분홍소시지감자볶음

달걀찜

달걀국

Week 11

이름만큼 중독되는

마약달걀장

달콤짭조름하고 촉촉한
반숙 노른자의 고소함까지!
재료도 간단하고 만들기도 간단해서
자주 해 먹기 좋습니다.

난이도
하

조리시간
10분

다시마물
우리는 시간
20분

냉장보관
3~7일

준비하기

달걀	10개
양파	1/2개
대파	1/2개
청양고추	2개
홍고추	1개
소금	1큰술
식초	1큰술
다시마물	1과 1/2컵
간장	1과 1/2컵
설탕	1큰술
올리고당	3큰술

요리하기

1 양파 1/2개, 대파 1/2개, 청양고추 2개, 홍고추 1개를 다집니다.

2 물에 소금 1큰술, 식초 1큰술을 넣고 끓여주세요.

3 물이 끓어오르면 달걀 10개를 넣고 6분 30초 정도 끓입니다.

4 삶은 달걀은 찬물에 담가놓았다가 껍질을 까주세요.

5 물 2컵에 다시마를 넣고 20분 정도 우려냅니다.

6 다진 채소, 다시마물 1과 1/2컵, 간장 1과 1/2컵, 설탕 1큰술, 올리고당 3큰술을 넣고 골고루 섞어주세요.

7 유리통에 삶은 달걀과 간장 양념을 넣고 골고루 섞어 6시간 정도 숙성시킨 후 냉장 보관해주세요.

> 간장을 끓여서 만든 것이 아니니 일주일 안에 드시는걸 추천해 드려요!

Week 11

건강한 맛

시금치무침

시금치무침 넣어서 밥 비벼 먹으면 맛있는 거 다들 아시죠? 아이들에게도 영양만점 밥반찬이고요!

난이도 하

조리시간 5분

냉장보관 2~3일

준비하기

시금치	1줌 반 ~ 2줌
소금	1큰술 + 1티스푼
대파	1/2개
당근	1/4개
간장	1큰술
다진마늘	1/3큰술
참기름	1큰술

요리하기

1 대파는 쫑쫑 썰고, 당근은 채 썰어주세요.

2 냄비에 물과 소금 1큰술을 넣고 끓입니다.

3 물이 끓어오르면 시금치를 넣고 숨이 죽을 때까지만 데쳐 찬물에 헹군 뒤 물기를 짜줍니다.

4 시금치를 무치기 쉽게 탈탈 털고 당근, 대파, 간장 1큰술, 다진마늘 1/3큰술, 소금 1티스푼, 참기름 1큰술을 넣고 버무립니다.

시금치

Week 11

맛도 잡고, 영양도 잡고!

시금치덮밥

다른 반찬 필요 없이 시금치덮밥만으로
한 끼가 충분하답니다.
짭조름하면서도
고소한 맛을 느낄 수 있어요!

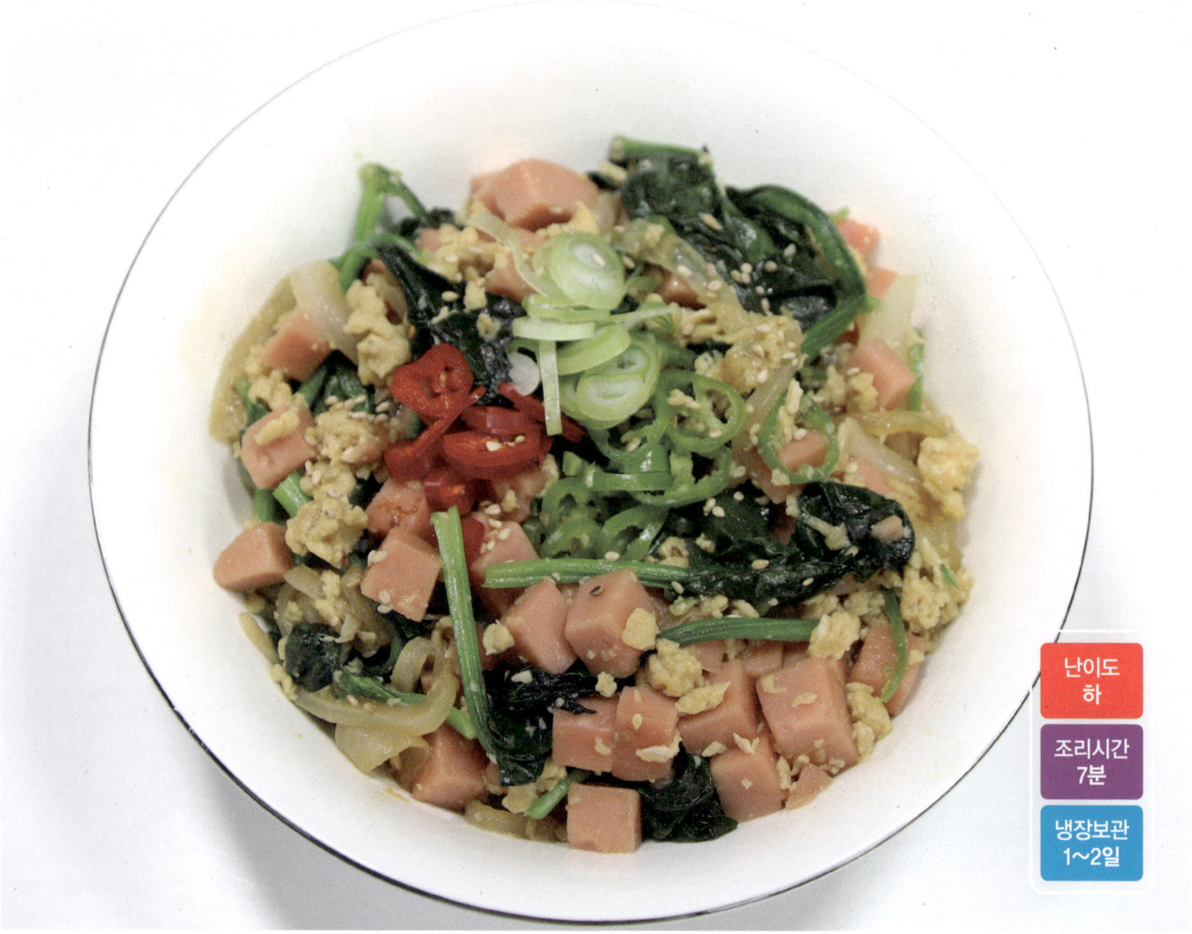

난이도
하

조리시간
7분

냉장보관
1~2일

준비하기

시금치	1줌
분홍소시지	1/4개
양파	1/4개
대파	1/2개
청양고추	1~2개
홍고추	1/2개
멸치육수	7큰술
간장	1큰술
굴소스	1티스푼
설탕	1/2큰술
달걀	1개

요리하기

1 분홍소시지를 큐브 모양으로 먹기 좋게 자릅니다.

2 양파 1/4개를 채 썰고, 대파 1/2개, 청양고추, 홍고추를 쫑쫑 썰어줍니다.

3 팬에 기름을 두르고 양파를 넣고 노릇한 색상이 나올 때까지 약불에서 볶습니다.

4 멸치육수 7큰술, 간장 1큰술, 굴소스 1티스푼, 설탕 1/2큰술을 넣고 1~2분 정도 더 볶아줍니다.

5 달걀 1개를 넣고 저어가며 달걀이 반 정도 익을 때까지 볶습니다.

6 분홍소시지와 시금치 1줌, 청양고추를 넣고 시금치의 숨이 죽을 때까지 볶아주세요.

7 밥 위에 올리고 대파, 청양고추, 홍고추를 올려줍니다.

마약달걀장까지 올려서 먹으면 더욱더 맛있어요!

Week 11

아이들이 정말 좋아하는

분홍소시지 감자볶음

부드럽고 고소한 감자와
단짠단짠 분홍소시지가 만났어요!
분홍소시지는 어디에 들어가도
잘어울리는 것 같죠?

| 난이도 하 |
| 조리시간 10분 |
| 감자 전분 빼는 시간 15분 |
| 냉장보관 3~5일 |

준비하기

감자	2개
분홍소시지	1/4개
양파	1/4개
홍고추	1/2개
대파	1/2개
다진마늘	1큰술
소금	1/3큰술
통깨	

요리하기

1. 감자 2개를 채 썰고, 분홍소시지는 세로로 사 등분 한 뒤 먹기 좋은 크기로 자릅니다.

2. 양파 1/4개를 채 썰고, 홍고추 1/2개는 쫑쫑, 대파는 3cm 길이로 잘라주세요.

3. 채 썬 감자는 찬물에 15분 정도 담가서 전분기를 제거한 뒤 물기를 빼놓습니다.

4. 팬에 기름을 두르고 감자, 다진마늘 1큰술, 소금 1/3큰술을 넣고 감자가 투명해질 때까지 중약불에서 볶아줍니다.

5. 양파를 넣고 감자가 거의 익을 때까지 볶습니다.

6. 분홍소시지, 홍고추를 넣고 감자가 완전히 익을 때까지 볶아줍니다.

7. 대파를 넣고 1분 정도 더 볶다가 통깨를 뿌려 마무리해주세요.

분홍소시지 / 감자

Week 11

쉽고 간편하게 끓이는

달걀국

달걀국은 남녀노소 할 것 없이
모두가 좋아하는 국 중 하나죠.
아이들 국으로는
청양고추만 빼고 해주세요!

난이도
하

조리시간
20분

육수시간
20분

냉장보관
5~7일

준비하기

멸치육수	1,000ml
달걀	3개
양파	1/4개
청양고추	2개
대파	1/2개
당근	1/4개
간장	1큰술
다진마늘	1큰술
소금	

요리하기

1 냄비에 물 1,200ml와 멸치, 다시마를 넣고 20분 정도 끓여 육수를 만듭니다.

2 양파 1/4개와 당근을 채 썰고 청양고추 2개는 어슷하게 썰고, 대파 1/2개는 쫑쫑 썰어줍니다.

3 달걀 3개를 풀어주세요.

4 멸치육수에 양파와 당근을 넣고 끓이다가 물이 끓어오르면 중약불에서 15분 정도 더 끓입니다.

5 간장 1큰술, 다진마늘 1/2큰술을 넣어주세요.

6 물이 다시 끓어오르면 달걀물을 넣어줍니다.

※ **6** 달걀물을 넣고 30초 정도 기다렸다가 저어주면 달걀을 몽글몽글하게 만들 수 있어요!

7 물이 끓어오르면 청양고추를 넣고 입맛에 맞게 소금으로 간을 한 뒤, 다시 한번 부르르 끓여주세요.

8 마지막으로 대파를 넣고 3분 정도 더 끓여 마무리합니다.

Week 11

몽글몽글 부드러운

달걀찜

달걀찜은 달걀 반찬 중에서도
정말 간단하게 만들 수 있는 반찬이에요.
아이들도 잘 먹어서 아이들 반찬으로도
안성맞춤이죠.

난이도 하
조리시간 10분
냉장보관 2~3일

준비하기

달걀	5개
멸치육수	200ml
소금	1티스푼

요리하기

1 달걀 5개와 소금 1티스푼을 넣고 풀어줍니다.

> 다진생강을 1/3티스푼 정도 넣어주면 달걀 비린내를 제거할 수 있어요!

2 뚝배기에 멸치육수 200ml를 넣고 끓여주세요.

> 멸치육수가 없다면 멸치액젓을 1스푼 정도 넣어주면 좋아요!

3 물이 끓어오르면 달걀을 넣고 끓어오를 때까지 저어주면서 끓입니다. 달걀이 끓어오르면 제일 약불로 줄여 2~3분 정도 더 끓여주세요.

> 부풀어 오르는 달걀찜을 만들고 싶다면 뚜껑이나 밥그릇, 국그릇 등을 덮어놓으세요!

4 취향에 맞춰 고명을 올려 마무리 해줍니다.

달걀

Week 12

재료	요리	장보기	가격
바지락 200g		대형마트	2,990원
돼지고기앞다리살 600g		동네정육점	4,000원
콩나물 5~6줌		재래시장	1,000원
어묵 1봉(약 6장)		동네마트	2,000원
장보기 비용 합계			9,990원

유튜브에는 없는 오직 책에서만 볼 수 있는 레시피들이에요!

바지락볶음

간장제육볶음

김치제육볶음

콩나물무침

콩나물국밥

콩나물어묵잡채

빨간어묵볶음

어묵김밥

Week 12

입맛 돋우는 별미

바지락볶음

하나씩 빼먹는 재미도 있고
쫄깃하게 씹는 맛도 있고!
약간 매콤할 수도 있는 중화풍의
바지락볶음이랍니다.

- 난이도 하
- 조리시간 10분
- 다시마물 우리는 시간 20분
- 냉장보관 3~4일

준비하기

바지락	200g
양파	1/4개
홍고추	1개
청양고추	1개
대파	1/2개
다진마늘	약간

양념장

두반장	1/2큰술
굴소스	1/2큰술
소주	2큰술
다시마물	7큰술

요리하기

1. 물 100ml와 다시마를 넣고 20분 정도 우려내서 다시마물을 준비합니다.

2. 양파를 채 썰고, 홍고추, 청양고추, 대파는 쫑쫑 썰어주세요.

3. 두반장 1/2큰술, 굴소스 1/2큰술, 소주 2큰술, 다시마물 7큰술을 섞어 양념장을 만듭니다.

4. 끓는 물에 바지락을 넣고 바지락의 반 정도가 입을 벌릴 때까지 데쳐줍니다.

5. 팬에 다진마늘 1큰술, 다진생강 1/3티스푼을 넣고 약불에서 자글자글하게 볶아주세요.

6. 바지락을 넣고 다진마늘과 골고루 어우러질 정도로만 볶습니다.

7. 양념장을 넣고 국물이 반 정도 줄어들 때까지 볶아주세요. 청양고추, 홍고추, 대파를 넣고 1~2분 정도 더 볶아 마무리합니다.

바지락

Week 12

취향저격 단짠 고기반찬

간장 제육볶음

매콤한 제육볶음도 좋지만
달콤짭조름한 간장제육볶음은 어떨까요?
매운 걸 잘 못 먹는 아이들이
특히 좋아하는 반찬이에요!

난이도
하

조리시간
10분

**양념
재우는 시간**
30분

냉장보관
3~5일

준비하기

돼지고기 앞다릿살	300g
양파	1/4개
청양고추	1개
홍고추	1/2개
대파	1/2개
간장	5큰술
설탕	1큰술
다진마늘	1큰술
다진생강	1/3티스푼
참기름	1큰술
소주	1큰술
올리고당	1큰술
후추	
통깨	

요리하기

1. 양파를 채 썰고, 청양고추, 홍고추는 쫑쫑, 대파는 3cm 길이로 썰어줍니다.

2. 돼지고기 앞다릿살 300g, 간장 5큰술, 설탕 1큰술, 다진마늘 1큰술, 다진생강 1/3티스푼, 참기름 1큰술, 소주 1큰술, 후추를 넣고 버무려 냉장고에서 30분 정도 숙성시켜줍니다.

3. 팬에 기름을 두르고 중불에서 고기가 반 정도 익을 때까지 볶아주세요.

4. 양파를 넣고 고기가 완전히 익을 때까지 볶아줍니다.

5. 마지막으로 청양고추, 홍고추, 대파, 올리고당 1큰술, 통깨를 넣고 1~2분 정도 더 볶아 마무리 해주세요.

돼지고기

Week 12

아삭아삭한 김치와 쫄깃한 돼지고기

김치 제육볶음

간장제육볶음은 아이들이 특히 좋아한다면 김치제육볶음은 남녀노소 가리지 않고 좋아하기 마련이죠. 저는 김치 대신 묵은지를 활용했답니다. 묵은지는 보통 씻어서 쌈이나 찜 요리로 즐겨 먹는데 제육볶음에 넣어도 정말 맛있어요!

난이도	하
조리시간	20분
양념 재우는 시간	30분
냉장보관	3~5일

준비하기

묵은지	1줌
돼지고기 앞다릿살	300g
고추장	2큰술
고춧가루	1큰술
다진마늘	1큰술
다진생강	1티스푼
간장	1큰술
소주	2큰술
매실액	1큰술
설탕	1/2큰술
참기름	1큰술
올리고당	1큰술
후추	
통깨	

요리하기

1 묵은지 1줌을 깨끗하게 씻어 먹기 좋게 찢어줍니다.

2 돼지고기 앞다릿살 300g, 고추장 2큰술, 고춧가루 1큰술, 다진마늘 1큰술, 다진생강 1티스푼, 간장 1큰술, 소주 2큰술, 매실액 1큰술, 설탕 1/2큰술, 후추를 넣고 버무려 냉장고에서 30분 정도 숙성시켜줍니다.

3 팬에 기름을 두르고 고기를 넣어 중불에서 반 정도 익을 때까지 볶아주세요.

4 묵은지를 넣고 5~10분 정도 더 볶아줍니다.

5 마지막으로 참기름 1큰술, 올리고당 1큰술, 통깨를 넣고 뒤적여 마무리해주세요.

돼지고기 / 묵은지

Week 12

고소하고 담백한

콩나물무침

이번 콩나물무침은 빨간 양념 없이
담백하게 소금으로 간을 했어요!
아삭아삭하면서도
고소한 맛이 일품이랍니다.

난이도 하

조리시간 5분

냉장보관 3~5일

준비하기

콩나물	1줌
소금	1큰술 + 1/2티스푼
대파	1/2개
홍고추	1개
당근	1/3개
참기름	1큰술
다진마늘	1/3큰술
통깨	

요리하기

1 냄비에 물과 소금 1큰술을 넣고 끓입니다.

2 물이 끓어오르면 콩나물 1줌을 넣고 3분 정도 데친 뒤 찬물에 헹궈 물기를 빼놓습니다.

3 당근은 채 썰고, 대파, 홍고추를 쫑쫑 썰어주세요.

4 콩나물, 당근, 대파, 소금 1/2티스푼, 참기름 1큰술, 다진마늘 1/3큰술, 통깨를 넣고 버무려주세요.

콩나물

Week 12

최고의 해장 음식

콩나물국밥

콩나물은 아미노산의 일종인 아스파라긴산을
많이 함유하고 있어 알코올 분해를 도와줘요!
거기다가 콩나물 한 접시에는 하루 필요량의
절반에 이르는 비타민C가 들어있다고 합니다.
맛도 좋고 영양도 만점인
콩나물국밥 어떠세요?

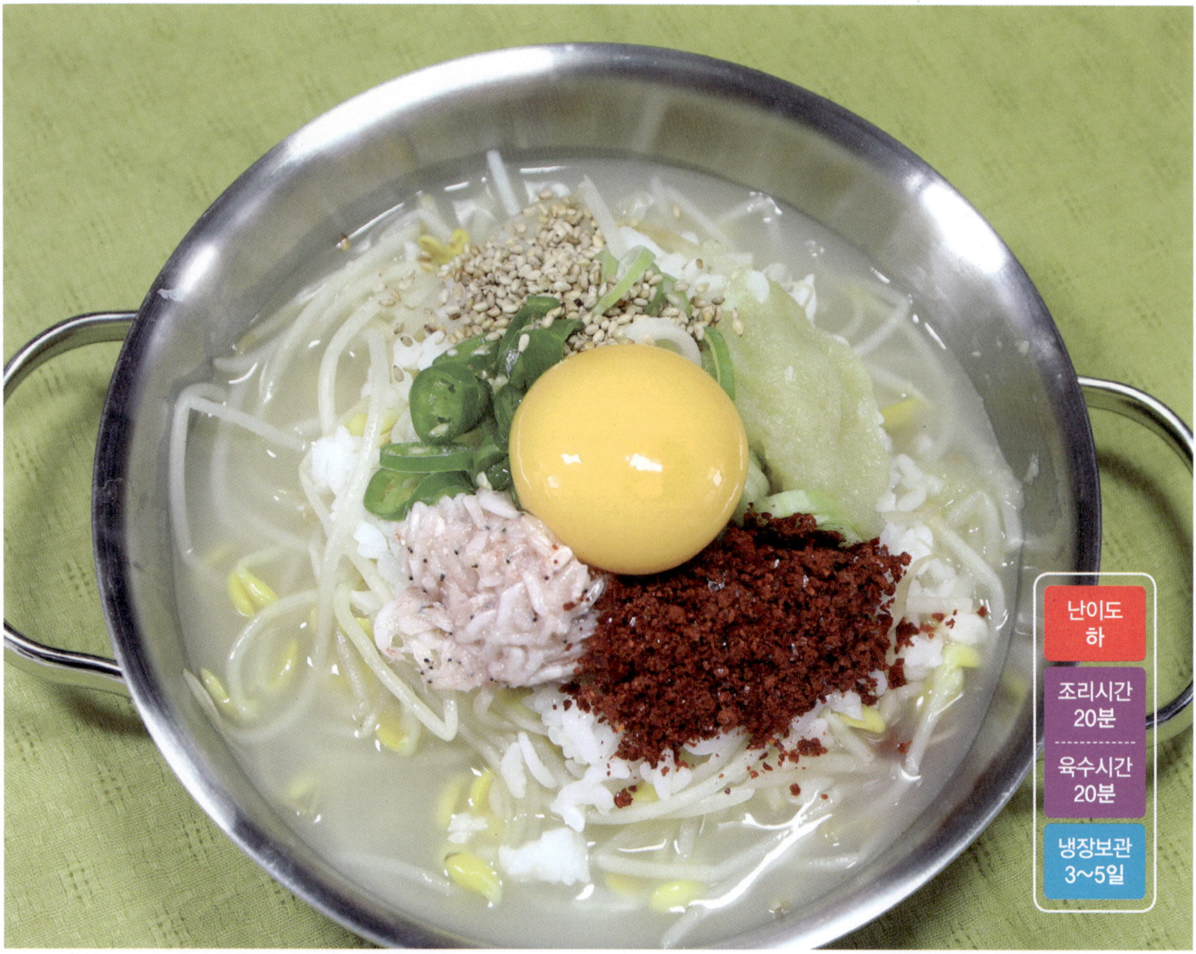

난이도 하

조리시간 20분

육수시간 20분

냉장보관 3~5일

준비하기	
콩나물	1줌
소금	1큰술 + 1/2티스푼
대파	1/2개
홍고추	1개
당근	1/3개
참기름	1큰술
다진마늘	1/3큰술
통깨	

요리하기

1 냄비에 물과 소금 1큰술을 넣고 끓입니다.

2 물이 끓어오르면 콩나물 1줌을 넣고 3분 정도 데친 뒤 찬물에 헹궈 물기를 빼놓습니다.

3 당근은 채 썰고, 대파, 홍고추를 쫑쫑 썰어주세요.

4 콩나물, 당근, 대파, 소금 1/2티스푼, 참기름 1큰술, 다진마늘 1/3큰술, 통깨를 넣고 버무려주세요.

콩나물

Week 12

최고의 해장 음식

콩나물국밥

콩나물은 아미노산의 일종인 아스파라긴산을 많이 함유하고 있어 알코올 분해를 도와줘요! 거기다가 콩나물 한 접시에는 하루 필요량의 절반에 이르는 비타민C가 들어있다고 합니다.
맛도 좋고 영양도 만점인
콩나물국밥 어떠세요?

난이도
하

조리시간
20분

육수시간
20분

냉장보관
3~5일

준비하기

콩나물	1줌
밥	한 주걱
멸치육수	700ml
소금	1큰술
대파	1/2개
청양고추	1개
다진마늘	1큰술
새우젓	1/2큰술
달걀	1개
고춧가루	1큰술
통깨	

요리하기

1 물 1,000ml와 멸치, 다시마를 넣고 멸치육수를 만들어주세요.

2 냄비에 물과 소금 1큰술을 넣고 끓입니다.

3 물이 끓어오르면 콩나물을 넣고 3분 정도 데친 뒤 찬물에 헹궈 물기를 빼놓습니다.

4 대파, 청양고추를 쫑쫑 썰어주세요.

> 모자란 간은 소금으로 해주세요!

5 냄비나 뚝배기에 밥 한 주걱을 넣고 멸치육수 700ml, 콩나물 1줌을 넣고 끓입니다.

6 물이 끓어오르면 청양고추, 대파, 다진마늘 1큰술, 새우젓 1/2큰술, 달걀 1개, 고춧가루 1큰술, 통깨를 올려 10분 정도 중불에서 더 끓여주세요.

Week 12

질리지 않는 건강한 잡채

콩나물 어묵잡채

콩나물의 아삭함과 어묵과 당면의 쫄깃함을
번갈아 가며 느낄 수 있어요!
고소하면서도 담백해서
자주 해 먹게 되는 반찬이에요.

- 난이도 중
- 조리시간 20분
- 냉장보관 3~5일

준비하기

사각어묵	2장
콩나물	1줌
건당면	1줌
양파	1/2개
청양고추	2개
홍고추	2개
당근	1/2개
소금	1큰술 + 약간
간장	2큰술 + 5큰술
흑설탕	1큰술
참기름	1큰술
다진마늘	1/3큰술
통깨	

요리하기

1 사각어묵을 채 썰어주세요.

2 양파 1/2개, 당근 1/2개, 청양고추 2개, 홍고추 2개를 채 썹니다.

3 팬에 기름을 두르고 어묵이 부들부들해질 때까지 약불에서 볶아주세요.

4 팬에 기름을 두르고 양파와 소금 한 꼬집을 넣고 양파가 투명해질 때까지 볶아줍니다.

5 팬에 기름을 두르고 당근과 소금 한 꼬집을 넣고 당근이 살짝 흐물거릴 때까지 볶아주세요.

6 팬에 기름을 두르고 청양고추, 홍고추, 소금 한 꼬집을 넣고 고추가 살짝 흐물거릴 때까지 볶습니다.

한 번에 볶아도 되지만 따로따로 볶아줘야 채소의 색감이 살아 더욱더 예뻐요!

콩나물 / 어묵

요리하기

7 냄비에 물과 소금 1큰술을 넣고 끓입니다.

8 물이 끓어오르면 콩나물 1줌을 넣고 3분 정도 데친 뒤 찬물에 헹궈 물기를 빼놓습니다.

9 냄비에 물이 끓어오르면 당면 1줌과 간장 2큰술, 흑설탕 1큰술을 넣고 12분 정도 삶아주세요.

10 삶은 당면은 헹구지 않고 물기만 빼놓습니다.

삶은 뒤 물에 헹구지 않으면 당면이 붇지 않아요!

11 당면, 채소, 간장 5큰술, 참기름 1큰술, 다진마늘 1/3큰술, 통깨를 넣고 버무립니다.

버무린 후 팬에 살짝 볶아주면 더욱더 깊은 맛이 나요!

Week 12

평범한 어묵김밥은 가라

어묵김밥

구름이네 어묵김밥은
보통 먹던 것과는 조금 다를 거예요.
어묵을 잘게 썰어 달걀과 함께
말아서 더욱 부드러워요!

난이도 하

조리시간 10분

다시마물 우리는 시간 20분

밥 짓는 시간 30분

냉장보관 2~3일

어묵

준비하기

사각어묵	2장
김밥용김	2~3장
청양고추	2개
홍고추	1개
달걀	3개
소금	1/2티스푼 + 1티스푼
밥	3~4 주걱
참기름	5큰술
통깨	

요리하기

1. 물 600ml와 다시마를 넣고 20분 정도 우려주세요.

2. 다시마물 450ml 정도를 넣고 밥을 해주세요.

3. 사각어묵, 청양고추, 홍고추를 다집니다.

4. 달걀, 사각어묵, 청양고추, 홍고추, 소금 1/2티스푼을 넣고 골고루 섞어줍니다.

5. 팬에 기름을 두르고 달걀물을 넣고 약불에서 익혀주세요.

6. 가장자리가 1cm 정도 익으면 천천히 말아줍니다.

요리하기

7 달걀물을 부어가며 계속 말아주세요.

8 뜨거운 달걀말이를 김발에 넣고 동그랗게 말고 식혀줍니다.

> 참기름, 소금의 양은 입맛에 맞게 조절해주세요!

9 밥 3~4주걱, 참기름 5큰술, 소금 1티스푼, 통깨를 넣고 골고루 섞어주세요.

10 김의 거친 면 위에 김을 3cm 정도만 남겨주고 밥을 얇게 펴줍니다.

11 달걀말이를 넣고 말아줍니다.

Week 12

부드러운 매콤함

빨간 어묵볶음

고소하고 쫄깃쫄깃한 어묵에
고춧가루를 넣어 매콤하게 볶아봤어요!
간장과 설탕 양념으로 달콤하게 볶았을 때와는
또 다른 맛을 느낄 수 있답니다.

- 난이도: 하
- 조리시간: 5분
- 냉장보관: 3~5일

준비하기

사각어묵	2장
양파	1/4개
다진마늘	1/2큰술
간장	2큰술
고춧가루	1과 1/2큰술
설탕	1/2큰술
올리고당	1큰술
통깨	

요리하기

1 사각어묵을 먹기 좋은 크기로 자르고 양파 1/4개를 채 썹니다.

2 팬에 기름을 두르고 어묵, 양파, 다진마늘 1/2큰술을 넣고 어묵이 살짝 노릇해질 때까지 중약불에서 볶아주세요.

3 간장 2큰술, 물 100ml, 고춧가루 1과 1/2큰술, 설탕 1/2큰술을 넣고 물이 자작해질 때까지 볶습니다.

4 마지막으로 올리고당 1큰술, 통깨를 뿌려 마무리해주세요.

어묵

Special Week
오천원으로 일주일 반찬 만들기

재료	요리	장보기	가격
꽈리고추 4~5줌		재래시장	2,000원
깻잎순 5~6줌		재래시장	2,000원
참치캔 1개		대형마트	1,000원
장보기 비용 합계			5,000원

유튜브로도 볼 수 있어요!

▶ 구름이네 일상

김** 아직 공복인데 군침이 도네요!!
엔** 간단하게 반찬 만드는 모습이 부러워요~^^
배** 오늘도 좋은 팁 감사합니다~~^^신랑 도시락 반찬 만들 때 정말 많은 도움이 됩니다~~

꽈리고추멸치조림

꽈리고추찜

깻잎순조림

깻잎순볶음

묵은지참치볶음

Special Week

칼칼하면서도 짭조름한

꽈리고추 멸치조림

맵지 않고 부드러운 꽈리고추로
달콤짭조름하게 만들었어요.
꽈리고추의 칼칼함과 멸치 특유의
감칠맛이 기가 막혀요!

| 난이도 하 |
| 조리시간 35분 |
| 육수시간 20분 |
| 냉장보관 4~10일 |

준비하기

깐멸치	2주먹
꽈리고추	2줌
멸치육수	1컵 반
간장	2/3컵
꿀	2큰술
다진마늘	1/2큰술
다진생강	1/3큰술
올리고당	1큰술
통깨	

요리하기

1 냄비에 물 1,500ml와 멸치 1주먹, 다시마를 넣고 20분 정도 끓여 멸치육수를 만듭니다.

2 깐멸치 2주먹을 마른 팬에 5분 정도 볶아주세요.

3 꽈리고추, 깐멸치, 멸치육수 1컵 반, 간장 2/3컵, 꿀 2큰술, 다진마늘 1/2큰술, 다진생강 1/3큰술을 넣고 센 불에서 5분 정도 끓입니다.

4 약불로 줄여 30분간 졸여주세요.

5 마지막으로 올리고당 1큰술, 통깨를 넣고 뒤적여 마무리합니다.

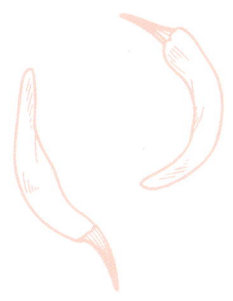

꽈리고추 / 멸치

Special Week

이게 바로 맛있게 매운맛

꽈리고추찜

꽈리고추찜은 고추의 은은한 향과
맛을 풍부하게 살릴 수 있는 요리에요.
구름이네 양념장으로
무쳐서 더욱더 맛있답니다!

난이도 하
조리시간 7분
냉장보관 3~5일

준비하기

꽈리고추	2줌
대파	1/2개
밀가루	

양념장

고춧가루	1큰술
간장	4큰술
설탕	1/2큰술
다진마늘	1큰술
참기름	1큰술
통깨	

요리하기

1 꽈리고추에 밀가루를 골고루 묻혀주세요.

2 밀가루를 묻힌 꽈리고추를 5분 정도 쪄줍니다.

3 대파 1/2개를 다져주세요.

4 고춧가루 1큰술, 간장 4큰술, 설탕 1/2큰술, 다진마늘 1큰술, 참기름 1큰술, 통깨를 넣어 양념장을 만듭니다.

5 꽈리고추, 다진 파, 양념장을 넣고 버무려주세요.

꽈리고추

Special Week

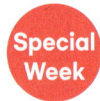

입맛 돋우는 밥도둑 반찬

깻잎순조림

달콤짭쪼름하면서도 보들보들하고
향긋한 깻잎향이 일품이에요.
일반 깻잎이 아닌 부드럽고 야들야들한
깻잎순이라서 더 맛있어요!

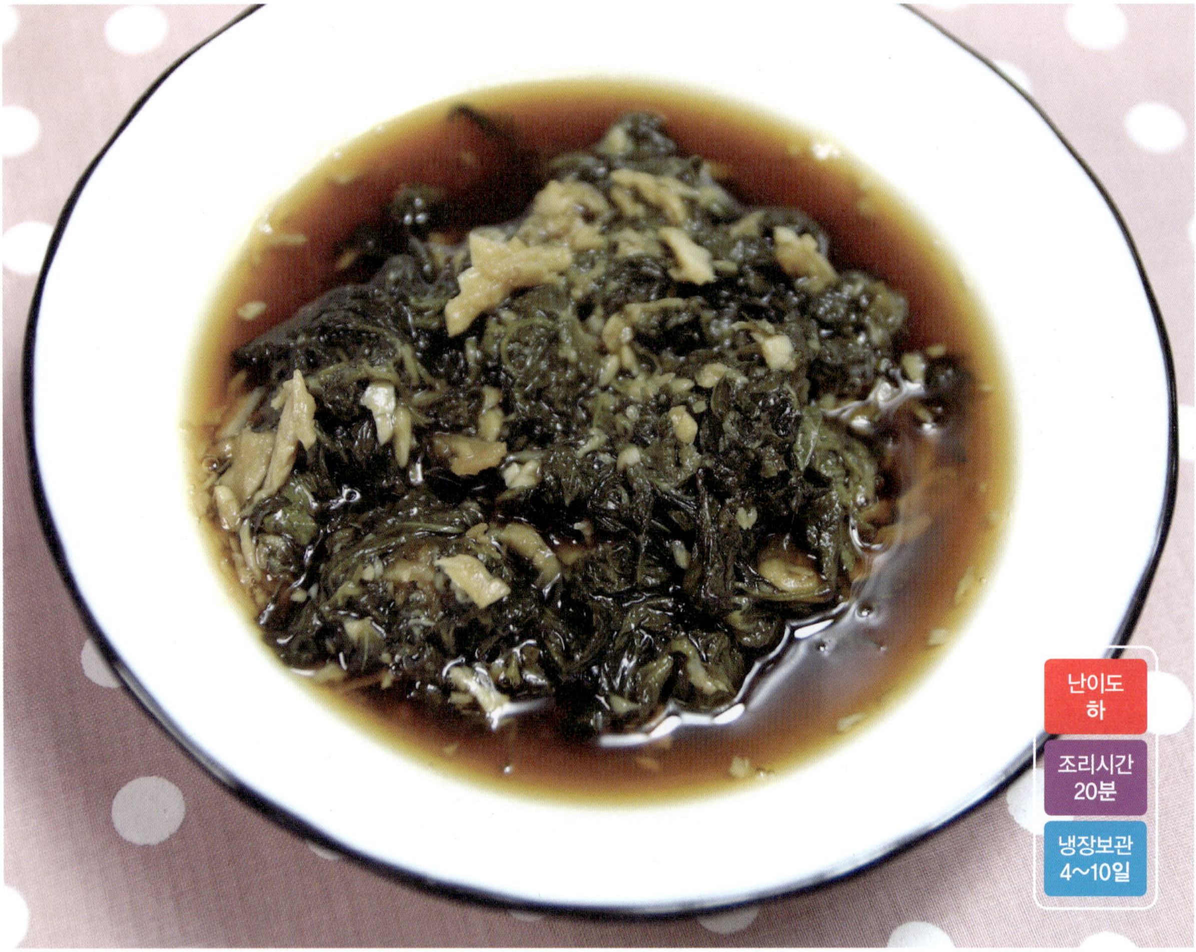

난이도
하
조리시간
20분
냉장보관
4~10일

준비하기

깻잎순	2~3줌

양념장

대파	1/2개
청양고추	1개
홍고추	1개
간장	3큰술
설탕	1/2큰술
소주	2큰술
다진마늘	1큰술
다진생강	1/3큰술

요리하기

1 대파 1/2개, 양파 1/2개, 청양고추 1개, 홍고추 1개를 다집니다.

2 다진 채소와 간장 3큰술, 설탕 1/2큰술, 소주 2큰술, 다진마늘 1큰술, 다진생강 1/3큰술을 섞어 양념장을 만들어주세요.

3 냄비에 깻잎순과 육수 또는 물 250ml, 양념장을 넣고 끓여주세요.

4 끓어오르면 약불로 줄여 15분간 조려줍니다.

깻잎순

Special Week

향긋하고 고소한

깻잎순볶음

향긋한 깻잎순을 부드럽게 볶고,
들깻가루를 넣어 고소함까지 더했어요!
아주 부드러운 식감이라 아이들도
편하게 먹을 수 있어요.

난이도
중

조리시간
5분

냉장보관
3~5일

준비하기

깻잎순	2~3줌
홍고추	1개
대파	1/2개
양파	1/4개
들기름	1큰술
다진마늘	1큰술
들깻가루	1큰술
통깨	

요리하기

1 대파 1/2개를 다지고 홍고추 1개를 쫑쫑 썰고 양파 1/4개를 채 썰어주세요.

2 냄비에 물과 소금 1큰술을 넣고 끓입니다.

3 물이 끓어오르면 깻잎순을 넣고 데치고, 데친 깻잎순은 찬물에 헹궈 물기를 짜줍니다.

물이 살짝 초록빛을 띨 때 건져주세요!

4 깻잎순을 무치기 쉽도록 탈탈 턴 다음, 양파, 들기름 1큰술, 다진마늘 1큰술을 넣고 바락바락 버무립니다.

5 팬에 들기름 1큰술과 깻잎순, 양파를 넣고 5분 정도 볶아주세요.

6 다진 홍고추와 들깻가루 1큰술을 넣고 1~2분 정도 볶아줍니다.

7 불을 끄고 대파, 통깨를 넣고 뒤적여 마무리해주세요.

깻잎순

Special Week

고소하고 부드러운 김치맛이 일품인

묵은지 참치볶음

묵은지는 오래 숙성 저장할수록
깊은 맛이 나고 맛있어요.
냉장고에 묵은지가 남아있다면 참치랑 같이
볶아보는 건 어떨까요?

난이도 하

조리시간 30분

냉장보관 3~5일

준비하기

묵은지	1/4포기
참기름	1큰술
설탕	1/2큰술
참치캔	1개

요리하기

1 묵은지 1/4포기를 가닥가닥 찢어주세요.

2 팬에 참기름 1큰술과 묵은지를 넣고 5분 정도 볶아줍니다.

3 물 300ml, 설탕 1/2큰술, 참치를 넣고 끓이다가 물이 끓어오르면 약불로 줄여 20~30분간 졸여주세요.

묵은지 / 참치

구름이네

PART 2. 일주일이 든든한 국/찌개 만들기

구름이네만의 레시피로 만드는 국/찌개 23가지

국/찌개

따뜻하고 든든한

어묵국

칼칼하면서 깔끔한 맛이 끝내줘요.
밥 말아 먹으면
한 공기가 순식간이에요!

BEST 9

| 난이도 하 |
| 조리시간 30분 |
| 육수시간 20분 |
| 냉장보관 4~7일 |

준비하기

멸치육수	1,200ml
사각어묵	4장
무	1/4개
양파	1/2개
대파	1/2개
청양고추	2개
다진마늘	1큰술
다진생강	1티스푼
소주	1큰술

요리하기

1 사각어묵 4장을 먹기 좋은 크기로 자르고, 무 1/4개를 0.2cm 정도 두께로 통썰기한 뒤 육 등분 합니다.

2 양파 1/2개를 채 썰고, 대파 1/2개는 쫑쫑 썰고, 청양고추 2개는 어슷하게 썰어주세요.

3 물 1,500ml와 멸치 1주먹, 다시마를 넣고 20분 정도 끓여 멸치육수를 만듭니다.

4 멸치육수에 무와 양파를 넣고 끓이다가 끓어오르면 중약불로 줄여 15~20분 정도 더 끓여주세요.

5 어묵, 청양고추, 다진마늘 1큰술, 다진생강 1티스푼, 소주 1큰술을 넣고 5~10분 정도 더 끓입니다.

6 마지막으로 대파를 넣고 5분 정도 더 끓여 마무리해주세요.

국/찌개

명불허전 최고의 국민 찌개

된장찌개

된장찌개는 언제 먹더라도
맛있는 음식이에요.
구름이네 레시피로 구수하면서도
깔끔하게 끓여 드세요!

난이도
하

조리시간
30분

육수시간
20분

냉장보관
4~7일

준비하기

멸치육수	1,000ml
감자	1개
양파	1/2개
애호박	1/2개
두부	반 모
청양고추	2개
홍고추	1개
대파	1/2개
된장	1큰술
다진마늘	1큰술
팽이버섯	1/4개
고춧가루	1큰술

요리하기

1. 물 1,300ml에 멸치 1주먹, 다시마를 넣고 20분 정도 끓여 멸치육수를 만듭니다.

2. 감자 1개, 양파 1/2개, 애호박 1/2개를 취향에 맞는 크기로 큼직하게 썰어주세요.

3. 두부 반 모는 취향에 맞는 크기로 큼직하게 썰고, 청양고추 2개, 홍고추 1개는 어슷하게 썰고, 대파 1/2개는 쫑쫑 썰어주세요.

4. 육수에 된장 1큰술을 넣고 끓이다가 끓어오르기 시작하면 중약불로 줄여 10~15분 정도 더 끓입니다.

다 끓이고 나서 간을 보고, 모자란 간은 소금으로 해주세요!

5. 육수에 애호박, 감자, 양파, 다진마늘 1큰술을 넣고 10~15분 정도 더 끓여주세요.

6. 두부, 팽이버섯, 청양고추, 홍고추, 대파, 고춧가루 1큰술을 넣고 5분 정도 더 끓여 마무리합니다.

국/찌개

얼큰한 국물맛이 일품인

돼지고기 김치찌개

묵은지를 넣고 끓이면 더 깊고 진한 맛을 느낄 수 있어요. 얼큰한 국물과 함께 부드러운 살코기를 쭉쭉 찢은 묵은지에 싸서 먹을 생각하니 벌써 침이 나오네요!

- 난이도 하
- 조리시간 30분
- 냉장보관 4~7일

준비하기

두부	반 모
청양고추	1개
홍고추	1/2개
대파	1/2개
묵은지	1/4포기
참기름	2큰술
돼지고기 앞다릿살	200g
다진마늘	1큰술
다진생강	1/3티스푼
소주	1큰술
설탕	1/2큰술
콩나물	2줌
고춧가루	1큰술

돼지고기 / 묵은지

요리하기

1 두부 반 모를 취향에 맞게 큼직하게 썰고, 청양고추 1개, 홍고추 1/2개는 어슷하게 썰고, 대파 1/2개는 3cm 정도 길이로 썰어줍니다.

2 묵은지 1/4포기를 먹기 좋은 크기로 자릅니다.

3 냄비에 참기름 2큰술을 두르고 돼지고기 앞다릿살 200g, 다진마늘 1큰술, 다진생강 1/3티스푼, 소주 1큰술을 넣고 볶아주세요.

4 고기의 겉면이 어느 정도 익으면 묵은지와 설탕 1/2큰술을 넣고 5분 정도 더 볶아줍니다.

쌀뜨물을 사용하면 더욱더 깊은 맛을 낼 수 있어요!

5 물 1,000ml를 넣고 물이 끓어오르면 중약불로 줄여 20분 정도 더 끓입니다.

묵은지가 아주 신 경우에는 설탕을 1큰술 정도 넣어주고 묵은지가 시지 않았을 때는 식초를 1큰술 정도 넣어주세요!

6 콩나물 2줌을 넣고 콩나물의 숨이 죽을 때까지 끓입니다.

7 마지막으로 두부, 청양고추, 홍고추, 대파, 고춧가루 1큰술을 넣고 5~10분 정도 더 끓여 마무리하세요.

국/찌개

한 술에 속이 확 풀리는

황태국

청양고추와 홍고추가 얼큰하고
칼칼한 풍미를 더해줘요.
두부에도 간이 쏙 배서
정말 맛있어요!

난이도 하
조리시간 20분
황태 불리는 시간 30분
냉장보관 4~7일

준비하기

두부	반 모
청양고추	1개
홍고추	1개
대파	1/2개
황태	2줌
간장	1큰술
소주	1큰술
콩나물	2줌
다진마늘	1큰술
새우젓	1/3큰술
소금	

요리하기

1 두부 반 모를 손톱 정도의 크기의 큐브 모양으로 자르고, 청양고추 1개, 홍고추 1개는 어슷하게 썰고, 대파 1/2개는 쫑쫑 썹니다.

2 황태 2줌을 2cm 정도 길이로 자르고, 물 1,000ml를 붓고 30분 정도 불립니다.

3 불린 황태를 체에 걸러줍니다.

※ 황태 불린 물은 버리지 마시고 육수로 활용하면 더욱더 깊은 맛을 낼 수 있어요!

4 냄비에 황태, 간장 1큰술, 소주 1큰술을 넣고 물기가 없어질 때까지 볶아주세요.

5 황태 불린 물, 생수 500ml를 넣고 끓입니다.

6 물이 끓어오르면 콩나물 2줌을 넣고 콩나물의 숨이 죽을 때까지 끓여주세요.

7 두부, 청양고추, 홍고추, 대파, 다진마늘 1큰술, 새우젓 1/3큰술을 넣고 10분 정도 더 끓여 마무리합니다.

※ 다 끓이고 난 뒤 모자란 간은 소금으로 해주세요!

국/찌개

시원하고 칼칼한 맛

감자국

맑은 감자국도 담백한 맛이 있지만 시원하고
칼칼한 걸 더 자주 먹게 되는 것 같아요.
얼큰한 국물과 함께 감자도
포슬포슬하니 정말 맛있어요!

| 난이도 하 |
| 조리시간 35분 |
| 육수시간 20분 |
| 냉장보관 4~7일 |

준비하기	
멸치육수	1,300ml
감자	2개
양파	1/2개
청양고추	2개
대파	1/2개

양념장

고춧가루	2큰술
새우젓	1큰술
다진마늘	1큰술
간장	1큰술
소주	1큰술

요리하기

1 물 1,500ml와 멸치 1주먹, 다시마를 넣고 20분 정도 끓여 육수를 만듭니다.

2 감자 2개를 0.2~0.3cm 정도 두께로 통썰기하고, 양파 1/2개는 채 썰고, 청양고추 2개는 어슷하게 썰어줍니다. 대파 1/2개는 쫑쫑 썰어주세요.

3 고춧가루 2큰술, 새우젓 1큰술, 다진마늘 1큰술, 간장 1큰술, 소주 1큰술을 넣어 양념장을 만듭니다.

4 끓는 육수에 감자, 양파, 양념장을 넣고 끓이다가 물이 다시 끓어오르면 중약불로 줄여 20분 정도 끓여주세요.

5 청양고추를 넣고 10분 정도 더 끓입니다.

6 마지막으로 대파를 넣고 5분 정도 더 끓여 마무리해주세요.

감자

국/찌개

속을 편안하게 해주는 푸근함

배추된장국

된장의 구수함과 달큰하면서도
부드러운 배추맛이 환상적이에요!
고추만 빼면 아이들도 잘 먹는답니다.

난이도
하

조리시간
30분

육수시간
20분

냉장보관
4~7일

준비하기

멸치육수	1,300ml
배추	6~7장
양파	1/2개
청양고추	2개
홍고추	1/2개
대파	1/2개
된장	1큰술
다진마늘	1큰술
소금	

요리하기

1 물 1,500ml에 멸치 1주먹, 다시마를 넣고 20분 정도 끓여 멸치육수를 만듭니다.

2 배추 6~7장 정도를 1.5cm 정도 길이로 잘라주세요.

3 양파 1/2개를 채 썰고, 청양고추 2개와 홍고추 1/2개는 어슷하게 썰고, 대파 1/2개는 쫑쫑 썰어주세요.

4 멸치육수에 된장 1큰술과 양파를 넣고 끓입니다.

5 물이 끓어오르면 배추, 다진마늘 1큰술을 넣고 다시 끓어오르면 중약불로 줄여 10분 정도 더 끓여주세요.

6 마지막으로 청양고추, 홍고추, 대파를 넣고 5분 정도 더 끓여 마무리합니다.

모자란 간은 소금으로 해주세요!

배추 / 된장

국/찌개

바지락이 주는 시원한 국물맛

바지락탕

바지락을 넣어 더욱 개운하고
시원한 맛을 느낄 수 있어요.
아이들용으로 순하게 끓일 수도 있고 고추를 많이
넣어 칼칼하게 끓일 수도 있어요!

난이도
하

조리시간
30분

해감시간
2시간

냉장보관
3~6일

준비하기

바지락	5~6주먹
무	1토막(1cm 정도 두께)
굵은 소금	2큰술
양파	1/4개
청양고추	2개
홍고추	1개
대파	1/2개
다시마	1장
다진마늘	1/2큰술
다진생강	1/2티스푼
소금	

요리하기

1 물에 굵은소금 2큰술을 넣고 녹여주세요.

2 소금물에 바지락을 넣고 검정비닐이나 신문지로 덮어 2시간 정도 해감합니다.

3 무 3장을 0.2cm 정도 두께로 통썰기하고 육 등분 해줍니다.

4 양파 1/4개를 채 썰고, 청양고추 2개, 홍고추 1개를 어슷하게 썰고, 대파 1/2개는 3cm 정도 길이로 썰어주세요.

5 물 1,200ml와 다시마, 무, 양파를 넣고 물이 끓어오르면 중약불로 줄여 15분 정도 끓입니다.

6 다시마를 건진 뒤 바지락을 넣고 15분 정도 더 끓여주세요.

7 청양고추, 홍고추, 다진마늘 1/2큰술, 다진생강 1/2티스푼을 넣고 5분 정도 더 끓입니다.

8 마지막으로 대파를 넣고 5분 정도 더 끓여 마무리합니다.

다 끓인 후 모자란 간은 소금으로 해주세요.

국/찌개

칼칼하고 시원한

오징어뭇국

통통하니 쫄깃쫄깃한 오징어와 부드럽고
달큰한 무가 환상적인 조화를 이뤄요.
매콤하니 얼큰한 국물도 정말 맛있어요!

난이도
하

조리시간
30분

냉장보관
4~7일

준비하기	
오징어 큰 것 기준	1마리
무	1토막(2cm 정도 두께)
양파	1/4개
청양고추	1개
홍고추	1/2개
대파	1/2개
고춧가루	1큰술
소금	1티스푼
다진마늘	1큰술
간장	1큰술

요리하기

1 오징어를 동그랗게 썰고 무는 0.2cm 정도 두께로 통썰기한 후 육 등분 합니다.

2 양파 1/4개를 채 썰고, 청양고추 1개, 홍고추 1/2개, 대파 1/2개를 어슷하게 썰어주세요.

3 냄비에 물 50ml, 무, 고춧가루 1큰술, 소금 1티스푼을 넣고 무에 빨간 물이 들 때까지 볶아줍니다.

4 양파, 오징어, 다진마늘 1큰술, 간장 1큰술을 넣고 오징어의 살이 통통하게 차오를 때까지 볶습니다.

5 물 1,200ml를 넣고 끓어오르면 중약불로 줄여 20분 정도 끓입니다.

6 마지막으로 청양고추, 홍고추, 대파를 넣고 5분 정도 더 끓여 마무리해주세요.

오징어 / 무

국/찌개

된장찌개에 해물이면 실패는 없지

해물된장찌개

꽃게향이 물씬 나는 구수한 된장찌개에요!
취향에 맞게 애호박, 새우, 차돌박이 등을
더 넣고 끓여보세요!

난이도
하

조리시간
20분

육수시간
20분

냉장보관
4~7일

준비하기

멸치육수	1,000ml
바지락	1주먹
꽃게	1마리
양파	1/2개
감자	1개
대파	1/2개
청양고추	1개
홍고추	1/2개
된장	1큰술
다진마늘	1큰술
다진생강	1/2티스푼

요리하기

1. 물 1,200ml에 멸치 1주먹과 다시마를 넣고 20분 정도 끓여 멸치육수를 만듭니다.

2. 양파 1/2개, 감자 1개를 큼직하게 썰고, 대파 1/2개는 3cm 길이로 자릅니다. 청양고추 1개와 홍고추 1/2개는 어슷하게 썰어주세요.

3. 멸치육수에 된장 1큰술, 양파, 감자를 넣고 끓입니다.

4. 물이 끓어오르면 바지락, 꽃게, 다진마늘 1큰술, 다진생강 1/2티스푼을 넣고 끓이다가 다시 끓어오르면 중약불로 줄여 15분 정도 더 끓여주세요.

5. 마지막으로 청양고추, 홍고추, 대파를 넣고 5분 정도 더 끓여 마무리합니다.

취향에 맞게 애호박, 버섯 등을 넣어줘도 좋아요!

바지락 / 된장

국/찌개

깊고 진한 맛이 일품인

소고기미역국

꼭 생일에만 미역국 먹으라는 법은 없죠.
소고기를 넣어 더욱더 깊은 맛이 나는 소고기
미역국은 언제 먹어도 맛있어요!

난이도 하

조리시간 30분

핏물 빼고 미역 불리는 시간 20분

냉장보관 3~6일

준비하기	
소고기	200g
건미역	2/3컵
참기름	2큰술
다진마늘	1큰술
다진생강	1/3큰술
간장	1과 1/2큰술
소금	

요리하기

1 소고기 200g을 물에 20분 정도 담가 핏물을 제거한 뒤 물에 헹궈줍니다.

2 미역을 물에 불려 씻고 물기를 짭니다.

3 팬에 참기름 2큰술과 소고기를 넣고 겉면이 살짝 익을 때까지 볶아주세요.

4 미역을 넣고 미역의 숨이 죽을 때까지 볶아줍니다.

5 다진마늘 1큰술, 다진생강 1/3큰술, 간장 1과 1/2큰술을 넣고 마저 볶아주세요.

모자란 간은 소금으로 해주세요!

6 물 1,200ml를 넣고 끓이다가 물이 끓어오르면 중약불로 줄여 20~30분간 더 끓입니다.

소고기 / 미역

국/찌개

열 반찬 안 부러운

참치김치찌개

참치의 고소함과 묵은지의
부드러운 맛은 아주 잘 어울려요!
별다른 반찬 없이도
한 끼 든든하게 먹을 수 있죠.

난이도
하

조리시간
30분

냉장보관
3~6일

준비하기

참치캔	1개
묵은지	1/4포기
청양고추	1개
홍고추	1/2개
다진마늘	1큰술

요리하기

1 청양고추 1개, 홍고추 1/2개를 어슷하게 썰어주세요.

2 묵은지 1/4포기를 먹기 좋은 크기로 썰어줍니다.

3 냄비에 참치캔 기름과 묵은지를 넣고 5분 정도 볶아주세요.

4 참치를 넣고 2분 정도 더 볶습니다.

5 물 1,200ml, 다진마늘 1큰술을 넣고 끓이다가 물이 끓어오르면 중약불로 줄여 20분 정도 더 끓입니다.

6 청양고추와 홍고추를 넣고 5분 정도 더 끓여 마무리해줍니다.

묵은지 / 참치

국/찌개

양념이 잘 밴 쫀득한 어묵과 칼칼한 국물

빨간어묵국

얼큰하고 칼칼한 국물에
매콤한 어묵까지!
무를 넣고 맑게 끓이는 어묵국과는
또 다른 새로운 맛이에요!

난이도
하

조리시간
15분

육수시간
20분

냉장보관
4~7일

준비하기	
멸치육수	1,300ml
사각어묵	4장
양파	1/2개
청양고추	1개
대파	1/2개
다진마늘	1큰술

양념장

고춧가루	1/2큰술
고추장	1큰술
간장	1큰술

요리하기

1 물 1,500ml와 멸치 1주먹과 다시마를 넣고 20분간 끓여 멸치육수를 만듭니다.

2 사각어묵 4장을 먹기 좋게 삼각형 모양으로 자르고, 양파 1/2개는 채 썰기, 청양고추 1개와 대파 1/2개는 어슷썰기 해줍니다.

3 고춧가루 1/2큰술, 고추장 1큰술, 간장 1큰술을 섞어 양념장을 만듭니다.

4 멸치육수에 어묵, 양파, 양념장, 다진마늘 1큰술을 넣고 물이 끓어오르면 중약불로 줄여 10분간 더 끓여주세요.

모자란 간은 소금으로 해주세요!

5 마지막으로 청양고추와 대파를 넣고 5분 정도 더 끓여 마무리합니다.

어묵

국/찌개

시원한 국물맛이 예술

홍합탕

통통한 홍합살을 발라먹는 재미가 있어요.
칼칼하고 시원한 특유의 그 뽀얀 국물과
함께라면 금상첨화죠!

난이도 하

조리시간 20분

냉장보관 3~6일

준비하기	
홍합	1kg
대파	1/2개
양파	1/2개
청양고추	1개
홍고추	1/2개
다시마	1장
다진생강	1/3큰술
소주	2큰술
다진마늘	1큰술
후추	

요리하기

1 양파 1/2개를 채 썰고, 대파 1/2개는 3cm 정도 길이로 썰고, 청양고추 1개와 홍고추 1/2개는 어슷하게 썰어줍니다.

2 냄비에 홍합 1kg, 물 1,500ml, 다시마, 다진생강 1/3큰술, 소주 2큰술, 후추를 넣고 센 불에서 끓입니다.

3 물이 끓어오르면 양파, 다진마늘 1큰술을 넣고 중불에서 10분 정도 끓여주세요.

4 마지막으로 청양고추, 홍고추, 대파를 넣고 5분 정도 더 끓여 마무리합니다.

모자란 간은 소금으로 해주세요!

홍합

국/찌개

속이 든든한 한 끼

떡만둣국

굳이 명절이 아니더라도
뜨끈한 국물이 끝내주는 떡만둣국이죠.
멸치육수에 떡과 만두가 만나
최고의 조합을 보여줘요!

BEST 16

난이도
하

조리시간
20분

육수시간
20분

냉장보관
2~3일

준비하기	
떡	1컵 ~ 1컵 반
만두	약 10~12개
멸치육수	1,300ml
양파	1/2개
청양고추	1개
홍고추	1/2개
대파	1/2개
당근	1/4개
다진마늘	1큰술
간장	1큰술
달걀	1개

요리하기

1. 냄비에 물 1,500ml와 멸치 1주먹과 다시마를 넣고 20분 정도 끓여 멸치육수를 만듭니다.

2. 양파 1/2개와 당근은 채 썰고, 청양고추 1개, 홍고추 1/2개는 어슷하게 썰고, 대파 1/2개는 3cm 정도 길이로 잘라줍니다.

3. 육수에 양파와 당근을 넣고 끓이다가 물이 끓어오르면 중약불로 줄여 10분 정도 더 끓입니다.

4. 떡을 넣고 10분 정도 더 끓여주세요.

> 떡과 만두의 양은 취향에 맞게 조절해주세요!

> 모자란 간은 소금으로 해주세요!

5. 만두, 다진마늘 1큰술, 청양고추, 홍고추, 간장 1큰술을 넣고 10~15분 정도 더 끓입니다.

6. 마지막으로 달걀 1개를 풀어 넣고, 대파를 넣어 5분 정도 더 끓여 마무리합니다.

집에서도 쉽게 해 먹어요

갈비탕

온몸 구석구석에 뜨끈함이 전해지는,
보양식으로 유명한 갈비탕이죠.
소갈비 핏물만 신경 써서 빼주면
직접 요리할 수 있어요!

난이도 하

조리시간 1시간 20분

핏물 빼는 시간 최소 4시간~최대 12시간

냉장보관 3~6일

준비하기

소갈비	900g
무	1/3개
양파	1개
대파	1개 + 1/2개
생강	1톨
통마늘	1주먹
소주	1컵
간장	2큰술
다진마늘	1큰술
대추	1주먹
후추	

요리하기

1. 무 1/3개, 양파 1개, 대파 1개를 큼직하게 썰고, 생강 1톨은 어슷 썰기하고 통마늘 1주먹을 준비합니다.

2. 대파 1/2개를 쫑쫑 썰어주세요.

> 2~3시간 간격으로 핏물을 버리고 다시 찬물에 담그기를 반복하는 게 누린내 제거에 더욱더 효과적이에요!

3. 소갈비 900g을 찬물에 담가 최소 4시간에서 최대 12시간 정도 핏물을 빼줍니다.

4. 핏물을 다 뺀 소갈비는 끓는 물에 5분 정도 데친 뒤 흐르는 물에 씻어줍니다.

> 물이 끓어오를 때 소주를 추가로 넣어주면 누린내 제거에 더욱더 좋아요!

5. 물 2L에 소갈비, 무, 양파, 대파, 생강, 통마늘, 후추, 소주 1컵을 넣고 센 불에서 뚜껑을 닫고 10분 정도 끓인 후 중약불로 줄여 1시간 정도 더 끓입니다.

> 모자란 간은 소금으로 해주세요!

6. 양파, 대파, 생강을 건져낸 뒤, 대추 1주먹, 간장 2큰술, 다진마늘 1큰술을 넣고 10분 정도 더 끓여줍니다.

소고기 / 무

국/찌개 279

국/찌개

깊은 국물맛이 일품인

소고기뭇국

따뜻한 국물이 생각날 때면
떠오르는 음식이에요.
소고기의 담백함과 깊은 국물맛에 달큰한
무까지 곁들어져 정말 맛있어요!

난이도
하

조리시간
30분

핏물 빼는 시간
20분

냉장보관
3~6일

준비하기	
소고기 양지	300g
무	1토막(2~3cm 두께)
대파	1/2개
다시마	1장
간장	2큰술
소금	1/3큰술
다진마늘	1큰술

요리하기

1 무를 0.3cm 정도 두께로 통썰기 한 후 큼직하게 자르고, 대파 1/2개는 쫑쫑 썰어주세요.

2 소고기 양지 300g을 찬물에 20분 정도 담가 핏물을 빼줍니다.

3 냄비에 물 1,500ml, 무, 다시마를 넣고 물이 끓어오르면 중약불로 줄여 15분 정도 끓입니다.

4 다시마를 건져내고 소고기, 간장 2큰술, 소금 1/3큰술, 다진마늘 1큰술을 넣고 5~10분 정도 더 끓여주세요.

5 마지막으로 대파를 넣고 부르르 끓여 마무리합니다.

소고기 / 무

국/찌개

어느새 또 생각나는

청국장

청국장은 콩을 통째로 발효시켜서
영양 손실이 적은 음식이에요.
냄새에 거부감이 있던 사람들도 막상
먹어 보면 그 구수함을 잊기 힘들죠!

| 난이도 |
| 하 |
| 조리시간 30분 |
| 육수시간 20분 |
| 냉장보관 3~6일 |

준비하기

묵은지	1줌
청국장	1개(약 200g)
두부	반 모
멸치육수	1,300ml
대파	1/2개
청양고추	1개
다진마늘	1큰술

요리하기

1. 씻은 묵은지 1줌을 2cm 정도 길이로 썰고, 두부 반 모는 먹기 좋게 큐브 모양으로 썰고, 대파 1/2개는 쫑쫑 썰고, 청양고추 1개는 어슷하게 썰어줍니다.

2. 물 1,500ml에 멸치 1주먹과 다시마를 넣고 20분 정도 끓여 멸치육수를 만듭니다.

3. 멸치육수에 묵은지, 다진마늘 1큰술을 넣고 물이 끓어오르면 중약불로 줄여 15분 정도 더 끓여주세요.

4. 청국장 1개를 넣어줍니다.

5. 끓어오르면 두부, 청양고추, 대파를 넣고 5~10분 정도 더 끓여 마무리해주세요.

묵은지 / 청국장

국/찌개

미역국 중 담백함은 단연 으뜸

닭고기 미역국

닭고기 덕분에 국물에서 담백한 맛이
진하게 느껴지는 미역국이에요.
복날 보양식으로도 먹기 좋답니다!

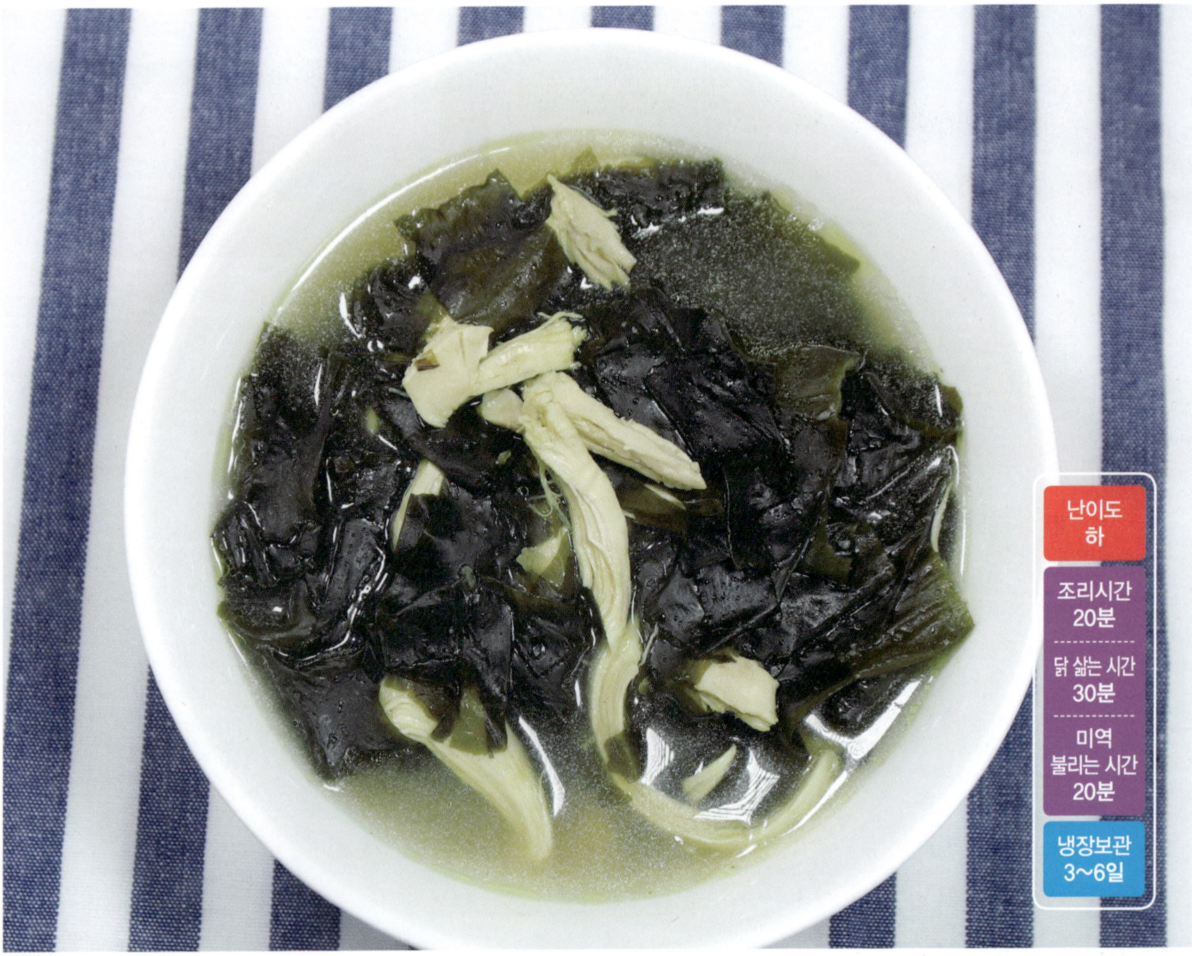

난이도 하

조리시간 20분

닭 삶는 시간 30분

미역 불리는 시간 20분

냉장보관 3~6일

준비하기	
닭	1마리
양파	1/2개
대파	1/2개
생강	1톨
통마늘	10알
소주	1/2컵
미역	1줌
간장	2큰술
소금	
후추	

요리하기

1. 양파 1/2개, 대파 1/2개를 큼직하게 썰고 생강 1톨은 편 썰고, 통마늘 10알을 준비해주세요.

2. 냄비에 닭을 넣고 닭이 잠길 때까지 물을 부어준 뒤 **1**의 재료와 소주 1/2컵을 넣고 후추를 조금 뿌린 뒤 30분 정도 삶아줍니다.

3. 닭과 재료들을 건져내고 닭은 먹기 좋은 크기로 찢어줍니다.

4. 미역을 20분 정도 물에 불린 뒤 깨끗하게 씻어주세요.

5. 닭 삶은 육수 1,500ml와 미역, 찢어놓은 닭고기, 간장 2큰술을 넣고 끓이다가 물이 끓어오르면 중약불로 줄여 20분 정도 더 끓여줍니다.

마지막에 모자란 간은 소금으로 해주세요!

닭고기 / 미역

국/찌개

시원함에 시원함을 더하다

김치 콩나물국

김치가 들어가 칼칼한 국물에
아삭한 콩나물이 한가득해요!
얼큰한 국물 덕분에
속풀이 해장용으로 제격이에요.

난이도 하
조리시간 20분
육수시간 20분
냉장보관 4~7일

준비하기

묵은지	1줌
멸치육수	1,300ml
콩나물	2줌
청양고추	1개
대파	1/2개
고춧가루	1큰술
다진마늘	1큰술

요리하기

1. 묵은지 1줌을 1.5~2cm 정도 길이로 자릅니다.

2. 청양고추 1개와 대파 1/2개를 어슷하게 썰어줍니다.

> 묵은지의 양념을 씻어주면 더욱더 깔끔한 맛을 낼 수 있어요!

3. 물 1,500ml와 멸치 1주먹과 다시마를 넣고 20분 정도 끓여 멸치육수를 만듭니다.

4. 육수에 묵은지를 넣고 끓이다가 끓어오르면 중약불로 줄여 10~15분 정도 더 끓입니다.

5. 콩나물 2줌을 넣고 끓어오르면 고춧가루 1큰술, 다진마늘 1큰술, 대파, 청양고추를 넣고 5분 정도 더 끓이고 마무리해주세요.

> 고추장을 1/2큰술 정도 넣어주면 더욱 더 맛있어요!

콩나물 / 묵은지

국/찌개

새콤달콤한 국물에 시원한 아삭함

미역오이냉국

국 끓이고 싶은 생각이 싹 달아나는
무더운 여름날에 어울리는 음식이에요.
시원한 미역오이냉국으로
고민 해결하세요!

난이도
하

조리시간
7분

미역
불리는 시간
20분

냉장보관
2~3일

준비하기	
오이	1개
건미역	1주먹
양파	1/4개
청양고추	1개
홍고추	1/2개
다진마늘	1/2큰술
설탕	2큰술
소금	1/2큰술
식초	4~6큰술
통깨	

요리하기

1 오이 1개, 양파 1/4개를 채 썰고, 청양고추 1개, 홍고추 1/2개를 쫑쫑 썰어주세요.

2 미역을 물에 담가 20분 정도 불려줍니다.

3 불린 미역을 끓는 물에 20초 정도 데쳐 찬물에 바락바락 씻어 점액질을 제거합니다.

4 미역을 먹기 좋은 크기로 잘라주세요.

5 미역, 다진마늘 1/2큰술, 설탕 2큰술, 소금 1/2큰술을 넣고 버무립니다.

6 물 700ml, 식초 4~6큰술, 오이, 양파를 넣고 섞어줍니다.

미리 미역을 버무려놓으면 미역에 간이 배서 더욱더 맛있어요!

7 청양고추, 홍고추, 통깨를 넣고 뒤적여 마무리해주세요.

국/찌개

식당 부럽지 않은

순두부찌개

바지락이 국물맛을 더욱더
개운하게 만들어줘요.
시원한 국물에 보들보들한 순두부,
생각만 해도 군침이 돌지 않나요?

BEST 18

난이도 중
조리시간 30분
냉장보관 3~6일

준비하기

순두부	1봉(약 400g)
바지락	1~2주먹
다진 돼지고기	150~200g
팽이버섯	1주먹
간장	1큰술
소주	2큰술
다진마늘	1큰술 + 1큰술
다진생강	1/2티스푼
양파	1/2개
청양고추	1개
홍고추	1/2개
대파	1/2개
고춧가루	1큰술
멸치액젓	1큰술
새우젓	1/2큰술
달걀	1개

요리하기

1 다진 돼지고기 150~200g, 간장 1큰술, 소주 2큰술, 다진마늘 1큰술, 다진생강 1/2티스푼, 후추를 넣고 버무려주세요.

2 양파 1/2개를 채 썰고, 청양고추 1개, 홍고추 1/2개는 어슷하게 썰고, 대파 1/2개는 쫑쫑 썰어주세요.

3 냄비에 기름을 두르고 바지락, 대파, 고춧가루 1큰술을 넣고 바지락이 입을 살짝 벌릴 때까지 볶습니다.

4 바지락이 입을 벌리면 다진 돼지고기를 넣고 고기가 어느 정도 익을 때까지 볶아주세요.

5 양파를 넣고 양념과 어우러질 정도로만 볶습니다.

6 쌀뜨물 1,200ml를 넣고 끓여주세요.

요리하기

7 물이 끓어오르면 멸치액젓 1큰술, 새우젓 1/2큰술, 다진마늘 1큰술을 넣고 물이 다시 끓어오르면 중약불로 줄여 15분 정도 끓입니다.

8 순두부를 넣고 먹기 좋게 숟가락으로 잘라줍니다.

다 끓인 후 모자란 간은 소금으로 해주세요!

9 팽이버섯, 청양고추, 홍고추, 달걀 1개를 넣고 달걀이 반 정도 익을 때까지 끓여 마무리해주세요.

국/찌개

밥 한 공기가 순식간에 사라져요

고추장찌개

만들기는 간단한데 감칠맛이
일품인 고추장찌개에요.
한 숟가락씩 떠먹어도 맛있고 밥에
쓱쓱 비벼 먹어도 정말 맛있어요!

- 난이도 하
- 조리시간 45분
- 숙성시간 30분
- 냉장보관 3~7일

준비하기

돼지고기 목살	200g
느타리버섯	1줌
양파	1개
감자	1/2개
청양고추	1개
홍고추	1/2개
대파	1/2개
고추장	1큰술 + 2큰술
고춧가루	1/2큰술
매실액	1큰술
간장	1큰술
소주	1큰술
다진마늘	1큰술
다진생강	1/3큰술
참기름	1큰술
올리고당	1큰술
소금	
후추	

요리하기

1 돼지고기 목살 200g을 먹기 좋게 큐브 모양으로 썰어주세요.

2 양파 1개, 감자 1/2개를 큼직하게 썰고, 청양고추 1개, 홍고추 1/2개는 어슷하게 썰고, 대파 1/2개는 3cm 정도 길이로 썰어줍니다.

3 목살에 고추장 1큰술, 고춧가루 1/2큰술, 매실액 1큰술, 간장 1큰술, 소주 1큰술, 다진마늘 1큰술, 다진생강 1/3큰술, 후추를 넣고 버무려 냉장고에서 30분 정도 숙성시킵니다.

4 냄비에 참기름 1큰술과 고기를 넣고 고기의 겉면이 살짝 익을 때까지 센 불에서 볶아주세요.

5 감자를 넣고 감자의 겉면이 살짝 투명해질 때까지 센 불에서 볶아줍니다.

6 양파를 넣고 어우러질 정도로만 볶습니다.

요리하기

7 물 500ml와 고추장 2큰술을 넣고 끓이다가 물이 끓어오르면 중불로 줄여 10~15분 정도 더 끓입니다.

8 추가로 물 500ml를 더 넣고 중불에서 20분간 더 끓여주세요.

9 마지막으로 올리고당 1큰술, 소금, 느타리버섯, 청양고추, 대파를 넣고 5분 정도 더 끓여 마무리합니다.

소금의 양은 입맛에 맞게 조절해주세요.

국/찌개

어려운 만큼 맛있는

육개장

토란대 독성을 빼줘야 해서 난이도가 높지만,
그만큼 맛이 보장되는 음식이에요.
다양한 재료들이 들어가서
영양도 만점이지요!

BEST 20

난이도
상

조리시간
30분

핏물 빼는 시간
20분

냉장보관
4~7일

준비하기

소고기 양지 또는 홍두깨살	450~500g
무 1토막(2~3cm 정도 두께)	
양파	1/2개
대파	2개
고사리	1줌
토란대	1줌
느타리버섯	1줌
고춧가루	2큰술
다진마늘	1큰술 + 1/2큰술
간장	2큰술
참기름	1큰술 + 2큰술
소주	1큰술
후추	

요리하기

1. 소고기 양지 또는 홍두깨살 450~500g을 찬물에 20분 정도 담가 핏물을 빼줍니다.

2. 무를 0.2cm 정도 두께로 3~5장 정도를 통썰기한 후, 큼직하게 자르고, 양파 1/2개는 채 썰고, 대파 2개는 길게 반으로 가른 뒤 손가락 길이로 썰고, 불린 고사리 1줌과 토란대 1줌도 손가락 길이 정도로 썰어주세요.

토란대 독성 제거하는 방법

1. 구입한 불린 토란대를 하루 정도 더 불려줍니다. 냄비에 토란대가 잠길 만큼 물을 붓고 천일염 1/2컵을 넣어 40분~1시간 정도 삶아줍니다.

2. 삶은 토란대는 3~4번 정도 찬물에 헹군 뒤에 소금을 푼 물에 하루 정도 담가 냉장 보관합니다.

냉동 보관할 시에는 물기가 조금 남아있는 상태에서 보관해 주는 것이 좋아요!

소고기 / 무

국/찌개

요리하기

3　느타리버섯 1줌을 먹기 좋게 찢어줍니다.

4　무, 양파, 대파, 고사리, 토란대, 고춧가루 2큰술, 다진마늘 1큰술, 간장 2큰술, 참기름 1큰술, 후추를 넣고 버무려주세요.

5　냄비에 핏물을 뺀 양지, 참기름 2큰술, 다진마늘 1/2큰술, 소주 1큰술을 넣고 겉면이 어느 정도 익을 때까지만 볶아줍니다.

6　소고기에 양념한 채소, 물 1,500ml를 넣고 끓어오르면 중약불로 줄여 20분 정도 더 끓입니다.

7　마지막으로 느타리버섯을 넣고 10분 정도 더 끓여 마무리해주세요.

모자란 간은 소금으로 해주세요!

에필로그

　스트레스로 인해 몸이 급격히 나빠져 병원에 갔더니 일을 그만두고 쉬는 게 좋겠다는 의사선생님의 권유가 있었어요. 신랑과의 상의 끝에 오랫동안 다니던 회사를 그만두고 집에서 쉬기로 했죠. 하지만 지난 10여 년이 넘도록 한 번도 일을 쉬어본 적도 없고, 다른 친구들이 일하고 있을 때 혼자서 집에 있으려니까, 스스로가 너무 한심하게 느껴지면서 삶이 점점 무기력해졌어요.

　그러던 어느 날, 신랑이 제가 평소에 하고 싶었던 취미생활을 시작해보는 게 어떻겠냐고 이야기했어요. 평소에 내가 뭘 하고 싶어 했지, 하며 무심코 핸드폰으로 즐겨보면 유튜브를 시청하던 찰나 아, 이거다! 싶었어요. 바로 요리!

　평소에도 제가 만든 음식을 사람들이 맛있게 먹어주면 너무 뿌듯하곤 했거든요. 그래서 사람들이 저의 레시피로 요리해서 맛있게 먹어주면 좋겠다는 바람을 갖고서 유튜브를 시작하게 되었어요. 또, 우연히 「만원으로 일주일 반찬 만들기」 시리즈 영상이 많은 시청자들의 관심과 사랑을 받으며 채널은 점점 성장했고, 제 삶에도 다시 활력이 넘치게 되었어요.

　처음 출간 제의를 받았을 때는 과연 내가 잘 할 수 있을까, 하는 생각에 많이 망설였던 게 사실이에요. 하지만 더욱더 많은 시청자들이 반찬 고민을 덜어내고 제 레시피로 맛있는 음식을 만들어 먹으면 좋겠다는 생각이 더 컸어요. 구름이네 레시피로 음식을 해줬더니 가족들이 너무 맛있게 먹었다는 등의 유튜브 채널 댓글을 보면 너무 행복하고 뿌듯하거든요.

그렇게 《일주일이 행복한 만원 반찬》을 출간하게 되었어요. 유튜브 촬영과는 너무 달라서 힘들었지만, 요리부터 플레이팅, 촬영까지 하나하나 전부 제 손을 거쳐서 만들어진 책이다 보니 더욱 애정이 남다르네요. 여러분들이 제 책을 보고 음식을 만들어 먹으면서 오늘 반찬 고민 덜었네~, 우와 이거 정말 맛있다! 라고 생각해주시면 정말 감사하고 뿌듯할 것 같아요.

마지막으로 날 도와주는 게 너무 행복하다며 촬영하는 내내 아픈 몸을 이끌고 옆에서 많이 도와준 우리 엄마, 정말 고맙고 사랑해요. 아, 물론 와이프를 흔쾌히 내준 우리 아빠도 사랑하고요. 가게 일도 바쁠 텐데 전화하면 바로바로 올라와서 이런저런 부탁에도 짜증 없이 웃는 얼굴로 들어주었던 우리 신랑 '서종덕'님도 너무 사랑합니다. 그리고 우리 유튜브 구독자님들과 제 책을 좋아해주시는 독자분들께도 감사의 말씀을 전합니다.

여러분들 덕분에 제가 여기까지 올 수 있었어요. 모두 모두 건강하고 행복하세요!

가나다순 Index

요리 이름을 기준으로 가나다순으로 표기되어 있어요.

반찬

ㄱ
가지무침 48
가지소박이 116
가지전 114
간장제육볶음 220
감자볶음 70
감자조림 72
게맛살까스 166
게맛살양파볶음 168
고등어무조림 178
고사리볶음 98
김치제육볶음 222
깻잎순볶음 244
깻잎순조림 242
깻잎찜 92
꽈리고추멸치조림 238
꽈리고추찜 240

ㄴ
느타리버섯볶음 120

ㄷ
단호박볶음 198
단호박샐러드 200
단호박조림 196

달걀말이 42
달걀장조림 148
달걀찜 214
닭무침 110
닭조림 112
대패삼겹살롤 154
두부까스 132
두부부침 38
두부조림 68

ㅁ
마약달걀장 204
마파두부 134
무나물 86
무생채 84
무조림 88
묵은지참치볶음 246
미나리달걀말이 190
미나리무침 104
미나리전병 192

ㅂ
바지락볶음 218
배추나물 142
부추김치 90
부추무침 106
부추볶음 108

부추전 40
분홍소시지감자볶음 210
분홍소시지부침 50
빨간어묵볶음 234
빨간콩나물무침 34

ㅅ
상추겉절이 130
상추나물 128
새송이버섯볶음 162
새송이버섯전 160
새송이버섯조림 164
시금치나물 78
시금치덮밥 208
시금치무침 206
시금치전 80
시래기된장지짐 180

ㅇ
알배추김치 146
알배추전 140
애호박볶음 52
애호박전 54
양배추김치 96
양배추초절임 94
양파볶음 126
양파장아찌 124

부록1. Index

어묵김밥 231
어묵볶음 56
어묵전 58
오이깍두기 44
오이나물 194
오이무침 76
오이소박이 122
오징어볶음 158

ㅋ
콩나물겨자무침 170
콩나물국밥 226
콩나물무침 224
콩나물밥 172
콩나물어묵잡채 228
콩나물전 174
콩나물찜 66

ㅍ
파래무침 184
파래전 186
팽이버섯겨자무침 152
팽이버섯대왕달걀말이 150
팽이버섯전 60

국&찌개

ㄱ
갈비탕 278
감자국 258
고사리들깨탕 100
고추장찌개 293
김치콩나물국 286

ㄷ
달걀국 212
닭고기미역국 284
돼지고기김치찌개 254
된장찌개 252
떡만둣국 276

ㅁ
미역오이냉국 289

ㅂ
바지락탕 262
배추된장국 260
빨간어묵국 272

ㅅ
소고기뭇국 280

소고기미역국 268
순두부찌개 290
시래기된장국 182

ㅇ
알배추된장국 144
어묵국 250
얼큰콩나물국 36
오이냉국 74
오징어뭇국 264
육개장 296

ㅊ
참치김치찌개 270
청국장 282

ㅋ
콩나물국 64

ㅎ
해물된장찌개 266
홍합탕 274
황태국 256

303

재료별 Index

냉장고를 싹 비우고 싶을 때, 이 페이지를 펼쳐보세요. 남는 재료들로도 든든한 한 끼 반찬을 만들 수 있을 거예요! 시장이나 마트에서 할인하는 식자재가 있다면 거기에 맞춰서 식단을 구성할 수도 있지요!

가지
가지무침 48
가지소박이 116
가지전 114

감자
감자국 258
감자볶음 70
감자조림 72
분홍소시지감자볶음 210

게맛살
게맛살까스 166
게맛살양파볶음 168

고등어
고등어무조림 178

고사리
고사리들깨탕 100
고사리볶음 98

깻잎&깻잎순
깻잎순볶음 244
깻잎순조림 242
깻잎찜 92

꽈리고추
꽈리고추멸치조림 238
꽈리고추찜 240

단호박
단호박볶음 198
단호박샐러드 200
단호박조림 196

달걀
가지전 114
게맛살까스 166
달걀국 212
달걀말이 42
달걀장조림 148
달걀찜 214
두부까스 132
두부부침 38
마약달걀장 204
미나리달걀말이 190
부추전 40
분홍소시지부침 50
시금치전 80
알배추전 140
애호박전 54
어묵전 58
콩나물전 174
팽이버섯대왕달걀말이 150
팽이버섯전 60

닭고기
닭고기미역국 284
닭무침 110
닭조림 112

돼지고기
간장제육볶음 220
고추장찌개 293
김치제육볶음 222
대패삼겹살롤 154
돼지고기김치찌개 254
마파두부 134

된장
된장찌개 252
배추된장국 260
시래기된장국 182
시래기된장지짐 180
해물된장찌개 266

두부&순두부
두부까스 132
두부부침 38
두부조림 68
마파두부 134
순두부찌개 290

떡&만두
떡만둣국 276

무
갈비탕 278
고등어무조림 178
무나물 86
무생채 84
무조림 88
소고기뭇국 280
오징어뭇국 264
육개장 296
파래무침 184

묵은지
김치제육볶음 222
김치콩나물국 286
돼지고기김치찌개 254
묵은지참치볶음 246
참치김치찌개 270
청국장 282

멸치
꽈리고추멸치조림 238

미나리
미나리달걀말이 190
미나리무침 104
미나리전병 192

미역
닭고기미역국　284
미역오이냉국　289
소고기미역국　268

바지락
바지락볶음　218
바지락탕　262
해물된장찌개　266

버섯
느타리버섯볶음　120
새송이버섯볶음　162
새송이버섯전　160
새송이버섯조림　164
팽이버섯겨자무침　154
팽이버섯대왕달걀말이　150
팽이버섯전　60

배추&알배추
배추나물　142
배추된장국　260
알배추김치　146
알배추된장국　144
알배추전　94

부추
가지소박이　116
부추김치　90
부추무침　106
부추볶음　108
부추전　40
오이깍두기　44

분홍소시지
분홍소시지감자볶음　210
분홍소시지부침　50

상추
상추겉절이　130
상추나물　128

소고기
갈비탕　278
소고기뭇국　280
소고기미역국　268
육개장　296

시금치
시금치나물　78
시금치덮밥　208
시금치무침　206
시금치전　80

시래기
시래기된장국　182
시래기된장지짐　180

애호박
애호박볶음　52
애호박전　54

양배추
양배추김치　96
양배추초절임　94

양파
게맛살양파볶음　168
양파볶음　126
양파장아찌　124

어묵
빨간어묵국　272
빨간어묵볶음　234
어묵국　250
어묵김밥　231
어묵볶음　56
어묵전　58
콩나물어묵잡채　228

오이
미역오이냉국　288
오이깍두기　44
오이나물　194
오이냉국　74
오이무침　76
오이소박이　122

오징어
오징어뭇국　264
오징어볶음　158

참치
묵은지참치볶음　246
참치김치찌개　270

청국장
청국장　282

콩나물
김치콩나물국　286
빨간콩나물무침　34
얼큰콩나물국　36
콩나물국　64
콩나물국밥　226
콩나물겨자무침　170
콩나물무침　224
콩나물밥　172
콩나물어묵잡채　228
콩나물전　174
콩나물찜　66

파래
파래무침　184
파래전　186

홍합
홍합탕　274

황태
황태국　256

부록2. WEEK 장보기 리스트

장보기 리스트로 시간 절약하기

장 보러 갈 때마다 리스트 작성하기 힘드시죠?
그렇다고 메모 없이 장 보러 갔다가 불필요한 것들까지
잔뜩 사서 돌아와 본 경험 있으실 거예요.
여러분들이 고민하지 않도록 요리별로 재료들을 정리해두었어요.
장 보러 가기 전에 준비하는 시간부터
실제 장 보는 시간까지 절약할 수 있을 거예요!

Week 1

빨간콩나물무침
재료 콩나물 3줌, 대파 1/2개, 고춧가루 1큰술, 다진마늘 1큰술, 소금 1/2큰술, 참기름 1큰술, 당근 1/4개, 통깨

얼큰콩나물국
재료 콩나물 2줌, 멸치육수 1,300ml, 청양고추 2개, 대파 1/2개, 고춧가루 1큰술, 소주 1큰술, 새우젓 1큰술, 다진마늘 1큰술

두부부침
재료 두부 1모, 달걀 2개, 소금 1/2 티스푼, 부추 5~6가닥, 당근 1/4개

달걀말이
재료 달걀 5개

오이깍두기
재료 오이 3개, 부추 500원 동전만큼, 천일염 3큰술 양념장 고춧가루 2큰술, 새우젓 1/3큰술, 멸치액젓 1큰술, 다진마늘 1큰술, 다진생강 1티스푼, 매실액 3큰술, 통깨

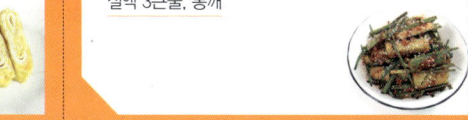

Week 2

가지무침
재료 가지 3개, 간장 3큰술, 다진마늘 1/2큰술, 고춧가루 1큰술, 참기름 1큰술, 대파 1/2개, 통깨

분홍소시지부침
재료 분홍소시지 1/2개, 달걀 2개, 다진마늘 1티스푼, 소금 1/2티스푼, 청양고추 1개, 홍고추 1/2개

애호박볶음
재료 애호박 1/2개, 양파 1/2개, 새우젓 1/2큰술, 다진마늘 1큰술, 당근1/4개, 대파 1/3개

애호박전
재료 애호박 1/2개, 달걀 2개, 다진마늘 1티스푼, 소금 1/2티스푼, 청양고추 1개, 당근 1/4개

어묵볶음
재료 사각어묵 5장, 양파 1/2개, 대파 1/2개, 다진마늘 1큰술, 간장 3큰술, 설탕 1/2큰술, 당근 1/4개, 통깨

어묵전
재료 사각어묵 5장, 달걀 2개, 소금 1/2티스푼, 다진마늘 1티스푼, 청양고추 1개, 당근 1/4개

팽이버섯전
재료 팽이버섯 1개, 달걀 2개, 소금 1/2티스푼, 다진마늘 1티스푼, 청양고추 1개, 당근 1/4개

달걀찜
재료 달걀 5개, 멸치육수 200ml, 소금 1티스푼

Week 3

콩나물찜
재료 멸치육수 250ml, 콩나물 2줌, 전분가루 1큰술, 참기름 1큰술 **양념장** 고추장 2큰술, 고춧가루 2큰술, 설탕 1큰술, 다진마늘 1큰술, 간장 3큰술

두부조림
재료 멸치육수 650ml, 두부 1모 **양념장** 고추장 2큰술, 고춧가루 2큰술, 설탕 1큰술, 다진마늘 1큰술, 간장 3큰술

감자볶음
재료 감자 2개, 양파 1/2개, 다진마늘 1큰술, 소금 1/3큰술, 대파 1/3큰, 당근 1/4개, 통깨

감자조림
재료 감자 2개, 간장 8큰술, 올리고당 2큰술, 설탕 1큰술, 다진마늘 1큰술, 당근 1/3개

오이냉국
재료 오이 1개, 양파 1/2개, 다진마늘 1큰술, 소금 1큰술, 설탕 2큰술, 당근 1/4개, 통깨

오이무침
재료 오이 2개, 양파 1/2개 **양념장** 고추장 2큰술, 고춧가루 1큰술, 설탕 1/2큰술, 매실액 2큰술, 식초 2큰술, 다진마늘 1큰술, 통깨

시금치나물
재료 시금치 2줌, 소금 1큰술 + 1/3큰술, 다진마늘 1/2큰술, 참기름 1큰술, 통깨

시금치전
재료 시금치 1줌, 달걀 2개, 소금 1/2티스푼, 밀가루

콩나물국
재료 콩나물 2줌, 양파 1/2개, 청양고추 1개, 대파 1/2개, 새우젓 2/3큰술, 당근 1/4개

Week 4

무나물
재료 무 1/3개, 다진생강 1티스푼, 다진마늘 1큰술, 소주 1큰술 + 100ml, 소금 1/2큰술, 설탕 1/2큰술, 통깨

무조림
재료 무 1/3개, 멸치육수 850ml **양념장** 고춧가루 3큰술, 다진마늘 1큰술, 간장 4큰술, 소주 3큰술, 설탕 1큰술, 후추 약간

부추김치
재료 부추 1줌 반 **양념장** 양파 1개, 홍고추 2개, 고춧가루 5큰술, 멸치액젓 2큰술, 새우젓 1큰술, 설탕 1큰술, 소금 1큰술, 통깨

깻잎찜
재료 깻잎 5~6장 **양념장** 간장 4큰술, 설탕 1/2큰술, 소주 2큰술, 다진마늘 1큰술, 다진생강 1/2티스푼, 멸치육수 100ml, 대파 1/2, 청양고추 1개, 홍고추 1개

양배추초절임

재료 양배추 1/4개, 식초 1컵, 설탕 1/2컵, 천일염 2큰술

양배추김치

재료 양배추 1/4개, 양파 1개, 천일염 1주먹, 고춧가루 2큰술, 다진마늘 1큰술, 다진생강 1/2큰술, 멸치액젓 2큰술, 매실액 1큰술, 설탕 1큰술, 통깨

고사리볶음

재료 건고사리 1줌, 다진마늘 1큰술, 다진생강 1/2티스푼, 간장 2큰술, 들기름 1큰술, 대파 1/3개

고사리들깨탕

재료 쌀 1주먹, 삶은 고사리 1줌, 들깻가루 2큰술, 다진마늘 1/2큰술, 다진생강 1/2티스푼, 소주 1큰술, 소금 1/2큰술, 후추 약간

무생채

재료 무 1/3개, 대파 1/2개, 천일염 1주먹 반, 고춧가루 3큰술, 새우젓 1.5큰술, 설탕 1큰술, 다진마늘 1큰술, 다진생강 1/3큰술, 대파 1/2개, 통깨

Week 5

부추무침

재료 부추 500원 동전만큼, 양파 1개 양념장 고춧가루 1.5큰술, 간장 2큰술, 멸치액젓 1큰술, 식초 2큰술, 매실액 1큰술, 참기름 1큰술, 다진마늘 1큰술, 통깨

부추볶음

재료 부추 1줌, 홍고추 1개, 다진마늘 1큰술, 소금 1티스푼, 참기름 1큰술, 통깨

닭무침

재료 닭 1마리, 통마늘 6~7개, 대파 1/2개, 생강 1톨, 미나리 500원동전만큼, 오이 1/2개, 콩나물 1/2줌, 소주 1큰술, 후추 양념장 연겨자 1.5큰술, 설탕 1큰술, 식초 2큰술, 간장 1큰술, 다진마늘 1큰술, 물 5큰술, 참기름 1/2큰술, 통깨

닭조림

재료 삶은 닭 1마리, 대파 1개, 청양고추 1개, 홍고추 1/2개, 통깨 양념장 간장 10큰술, 굴소스 1큰술, 올리고당 1큰술, 소주 1큰술, 다진마늘 1큰술, 다진생강 1티스푼, 후추

가지전

재료 가지 1개, 달걀 3개, 소금 1티스푼, 다진마늘 1/3큰술, 밀가루, 카레가루(선택) 양념장 간장 5큰술, 고춧가루 1/2큰술, 다진마늘 1큰술, 식초 2큰술, 설탕 1/2큰술, 부추 5~6가닥, 홍고추 1/2개

가지소박이

재료 가지 2개, 부추 500원 동전만큼, 양파 1개 양념장 사과 1/4개, 양파 1개, 홍고추 3개, 고춧가루 5큰술, 다진마늘 2큰술, 다진생강 1/2큰술, 새우젓 3큰술, 설탕 2큰술, 통깨

미나리무침

재료 미나리 1줌 반, 소금 1큰술, 된장 2/3큰술, 고추장 1/2큰술, 다진마늘 1큰술, 참기름 1큰술, 매실액 1큰술, 통깨

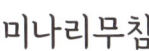

Week 6

느타리버섯볶음

재료 느타리버섯 150g, 대파 1/2개, 홍고추 1개, 다진마늘 1큰술, 소금 1티스푼, 참기름 1큰술, 통깨

양파장아찌

재료 양파 5개, 청양고추 1~3개, 간장 1컵 반~2컵, 설탕 2/3큰술, 소주 1/2컵, 식초 1컵

양파볶음

재료 양파 1개 반, 대파 1/2개, 다진마늘 1큰술, 간장 1큰술, 고추장 1큰술, 고춧가루 1/2큰술, 참기름 1큰술, 통깨

상추나물

재료 상추 2줌, 소금 1큰술, 고추장 1큰술, 된장 1/2큰술, 고춧가루 1/2큰술, 다진마늘 1큰술, 매실액 1큰술, 참기름 1큰술, 통깨

상추겉절이

재료 상추 2줌, **양념장** 고춧가루 1큰술, 간장 2큰술, 멸치액젓 1큰술, 식초 1큰술, 매실액 1큰술, 다진마늘 1큰술, 참기름 1큰술, 통깨

마파두부

재료 두부 반 모, 다진 돼지고기 150g, 간장 1큰술, 소주 1큰술, 다진마늘 1큰술, 다진생강 1/2티스푼, 전분가루 1큰술, 후추 **양념장** 고추장 1큰술, 된장 1큰술, 고춧가루 3큰술, 다진마늘 1큰술, 매실액 1큰술, 간장 2큰술, 설탕 1큰술

두부까스

재료 두부 반 모, 달걀 2개, 소금 약간 + 1티스푼, 밀가루, 빵가루

오이소박이

재료 오이 6개, 양파 1개, 부추 1줌 **양념장** 양파 1개, 사과 1/4개, 홍고추 3개, 고춧가루 5큰술, 다진마늘 2큰술, 다진생강 1/2큰술, 새우젓 3큰술, 설탕 2.5큰술, 찹쌀풀 4큰술, 통깨

Week 7

배추나물

재료 알배추 8~10장, 소금 1큰술, 홍고추 1개, 대파 자투리, 된장 1/2큰술, 다진마늘 1/2큰술, 설탕 1/2티스푼, 매실액 1큰술, 참기름 1큰술, 통깨

알배추된장국

재료 멸치육수 1,500ml, 알배추 3~5장, 양파 1/2개, 청양고추 2개, 대파 1/2개, 된장 1.5큰술, 다진마늘 1큰술

알배추김치

재료 알배추 1/3통, 천일염 1주먹, 양파 1/2개, 대파 1/2개 **양념장** 양파 1/2개, 사과 1/4개, 홍고추 2개, 찹쌀가루 2큰술, 고춧가루 10큰술, 설탕 2.5큰술, 굵은소금 1큰술, 멸치액젓 5큰술, 새우젓 2큰술, 다진마늘 3큰술, 다진생강 1큰술, 통깨

달걀장조림

재료 달걀 10개, 소금 1큰술, 식초 1큰술, 간장 1컵, 소주 2/3컵, 설탕 2.5큰술, 올리고당 2큰술

팽이버섯대왕달걀말이

재료 팽이버섯 1개(약 150g), 청양고추 1개, 홍고추 1개, 달걀 5개, 소금 1티스푼

팽이버섯겨자무침

재료 팽이버섯 1개(약 150g), 당근 1/4개, 홍고추 1/2개 **양념장** 연겨자 1큰술, 식초 2큰술, 간장 1큰술, 매실액 1큰술, 다진마늘 1/3큰술

대패삼겹살롤

재료 대패 삼겹살 250g, 홍고추 1개, 청양고추 1개, 당근 1/3개, 팽이버섯 1개(약 150g), 후추

알배추전

재료 알배추 5~6장, 달걀 5개, 청양고추 1개, 홍고추 1개, 다진마늘 1/2큰술, 밀가루 3큰술, 카레가루 1큰술

Week 8

새송이버섯전

재료 새송이버섯 2개, 청양고추 1개, 홍고추 1개, 밀가루, 카레가루, 달걀 3개, 소금 1/2티스푼

새송이버섯볶음

재료 새송이버섯 2개, 양파 1/4개, 홍고추 1개, 대파 1/2개, 당근 1/4개, 참기름 1큰술, 통깨 **양념장** 간장 1큰술, 소주 1큰술, 올리고당 1큰술, 다진마늘 1큰술

새송이버섯조림

재료 새송이버섯 2개, 매실액 1큰술, 참기름 1/2큰술 **양념장** 간장 1큰술, 소주 3큰술, 설탕 1/2큰술, 다진마늘 1/2큰술

게맛살까스

재료 게맛살 2개, 달걀 2개, 빵가루

게맛살양파볶음

재료 양파 2개, 게맛살 2개, 대파 1/2개, 홍고추 1개, 다진마늘 1/2큰술, 간장 1큰술, 굴소스 1/3큰술, 참기름 1큰술, 통깨

콩나물겨자무침

재료 콩나물 1줌 반, 게맛살 1개, 소금 1큰술, 홍고추 1개, 대파 1/2개, 참기름 1큰술, 통깨 **양념장** 연겨자 1큰술, 간장 2큰술, 식초 2큰술, 매실액 1/2큰술, 다진마늘 1/2큰술

콩나물밥

재료 콩나물 1줌 **양념장** 대파 1/2개, 청양고추 1개, 홍고추 1개, 당근 1/4개, 간장 5큰술, 매실액 1큰술, 설탕 1/2큰술, 다진마늘 1/2큰술, 고춧가루 1큰술, 참기름 1큰술, 통깨

콩나물전

재료 삶은 콩나물 1줌, 청양고추 1개, 홍고추 1개, 다진마늘 1/2큰술, 소금 1티스푼, 밀가루 5큰술, 달걀 2개

오징어볶음

재료 오징어 2마리, 양파 1/2개, 청양고추 1개, 홍고추 1/2개, 대파 1/2개, 당근 1/4개, 참기름 1큰술, 올리고당 1큰술, 통깨 **양념장** 고추장 2큰술, 고춧가루 1큰술, 간장 2큰술, 매실액 2큰술, 소주 2큰술, 다진마늘 1큰술, 다진생강 1/3큰술, 설탕 1큰술, 후추

Week 9

무생채

재료 무 1/3개, 대파 1/2개, 천일염 1주먹 반, 고춧가루 3큰술, 새우젓 1.5큰술, 설탕 1큰술, 다진마늘 1큰술, 다진생강 1/3큰술, 대파 1/2개, 통깨

시래기된장지짐

재료 시래기 2줌 반, 멸치육수 600ml, 대파 1/2개, 된장 1.5큰술, 다진마늘 1큰술, 소주 2큰술, 설탕 1큰술, 간장 1큰술, 고춧가루 1큰술, 참기름 1큰술, 통깨

시래기된장국

재료 시래기 1줌 ~ 1줌 반, 멸치육수 1,200ml, 양파 1/2개, 청양고추 1개, 대파 1/2개, 된장 1.5큰술, 다진마늘 1큰술, 다진생강 1/3큰술

파래무침

재료 파래 1줌 ~ 1줌 반, 얇게 통썰기 한 무 3장, 홍고추 1~2개, 양파 1/2개, 식초 3큰술, 설탕 1큰술, 소금 1/3큰술, 마늘즙 1큰술, 생강즙 1티스푼, 통깨

파래전

재료 홍고추 1개 **반죽** 파래 1줌, 밀가루, 소금

고등어무조림

재료 고등어 1마리, 무 1/3개, 양파 1/2개, 청양고추 2개, 대파 1/2개, 고춧가루 1큰술, 간장 2큰술, 고추장 1큰술, 다시마 1장, 소주 4큰술, 참기름 1큰술 **양념장** 고추장 1큰술, 고춧가루 2큰술, 설탕 1큰술, 간장 1큰술, 다진마늘 1큰술, 다진생강 1/3큰술

Week 10

미나리달걀말이

재료 미나리 500원 동전만큼, 달걀 5개, 홍고추 1개, 소금 1/2티스푼

미나리전병

재료 미나리 500원 동전만큼, 홍고추 1개 **반죽** 찹쌀가루 4큰술, 밀가루 2큰술, 소금 1/2티스푼, 물 50ml

오이나물

재료 오이 2개, 홍고추 1개, 대파 1/2개, 천일염 2큰술, 다진마늘 1큰술, 소금 1티스푼, 참기름 1큰술, 통깨

오이냉국

재료 오이 1개, 양파 1/2개, 다진마늘 1큰술, 소금 1큰술, 설탕 2큰술, 당근 1/4개, 통깨

오이무침

재료 오이 2개, 양파 1/2 **양념장** 고추장 2큰술, 고춧가루 1큰술, 설탕 1/2큰술, 매실액 2큰술, 식초 2큰술, 다진마늘 1큰술, 통깨

단호박조림

재료 단호박 1/2개, 물엿 1컵, 물 1.5컵, 간장 1큰술

단호박볶음

재료 단호박 1/4개, 홍고추 1개, 대파 1/2개, 다진마늘 1/2큰술, 소금 1티스푼, 통깨

단호박샐러드

재료 단호박 1/2개, 마요네즈 1큰술, 꿀 1큰술

미나리무침

재료 미나리 1줌 반, 소금 1큰술, 된장 2/3큰술, 고추장 1/2큰술, 다진마늘 1큰술, 참기름 1큰술, 매실액 1큰술, 통깨

Week 11

마약달걀장

재료 달걀 10개, 양파 1/2개, 대파 1/2개, 청양고추 2개, 홍고추 1개, 소금 1큰술, 식초 1큰술, 다시마물 1.5컵, 간장 1.5컵, 설탕 1큰술, 올리고당 3큰술

시금치덮밥

재료 시금치 1줌, 분홍소시지 1/4개, 양파 1/4개, 대파 1/2개, 청양고추 1~2개, 홍고추 1~2개, 멸치육수 7큰술, 간장 1큰술, 굴소스 1티스푼, 설탕 1/2큰술, 달걀 1개

분홍소시지부침

재료 분홍소시지 1/2개, 달걀 2개, 다진마늘 1티스푼, 소금 1/2티스푼, 청양고추 1개, 홍고추 1/2개

분홍소시지감자볶음

재료 감자 2개, 분홍소시지 1/4개, 양파 1/4개, 홍고추 1~2개, 대파 1/2개, 다진마늘 1큰술, 소금 1/3큰술, 통깨

달걀국

재료 멸치육수 1,000ml, 달걀 3개, 양파 1/4개, 청양고추 2개, 대파 1/2개, 당근 1/4개, 간장 1큰술, 다진마늘 1큰술, 소금

달걀찜

재료 달걀 5개, 멸치육수 200ml, 소금 1티스푼

시금치무침

재료 시금치 1줌 반 ~ 2줌, 소금 1큰술 + 1티스푼, 대파 1/2개, 당근 1/4개, 간장 1큰술, 다진마늘 1/3큰술, 참기름 1큰술

Week 12

간장제육볶음

재료 돼지고기 앞다릿살 300g, 양파 1/4개, 청양고추 1개, 홍고추 1/2개, 대파 1/2개, 간장 5큰술, 설탕 1큰술, 다진마늘 1큰술, 다진생강 1/3티스푼, 참기름 1큰술, 소주 1큰술, 올리고당 1큰술, 후추, 통깨

김치제육볶음

재료 묵은지 1줌, 돼지고기 앞다릿살 300g, 고추장 2큰술, 고춧가루 1큰술, 다진마늘 1큰술, 다진생강 1티스푼, 간장 1큰술, 소주 2큰술, 매실액 1큰술, 설탕 1/2큰술, 참기름 1큰술, 올리고당 1큰술, 후추, 통깨

콩나물무침

재료 콩나물 1줌, 소금 1큰술 + 1/2티스푼, 대파 1/2개, 홍고추 1개, 당근 1/3개, 참기름 1큰술, 다진마늘 1/3큰술, 통깨

콩나물국밥

재료 콩나물 1줌, 밥 한 주걱, 멸치육수 700ml, 소금 1큰술, 대파 1/2개, 청양고추 1개, 다진마늘 1큰술, 새우젓 1/2큰술, 달걀 1개, 고춧가루 1큰술, 통깨

콩나물어묵잡채

재료 사각어묵 2장, 콩나물 1줌, 건당면 1줌, 양파 1/2개, 청양고추 2개, 홍고추 2개, 당근 1/2개, 소금 1큰술 + 약간, 간장 2큰술 + 5큰술, 흑설탕 1큰술, 참기름 1큰술, 다진마늘 1/3큰술, 통깨

빨간어묵볶음

재료 사각어묵 2장, 양파 1/4개, 다진마늘 1/2큰술, 간장 2큰술, 고춧가루 1.5큰술, 설탕 1/2큰술, 올리고당 1큰술, 통깨

어묵김밥

재료 사각어묵 2장, 김밥용김 2~3장, 청양고추 2개, 홍고추 1개, 달걀 3개, 소금 1/2티스푼 + 1티스푼, 밥 3~4 주걱, 참기름 5큰술, 통깨

바지락볶음

재료 바지락 200g, 양파 1/4개, 홍고추 1개, 청양고추 1개, 대파 1/2개, 다진마늘 약간 양념장 두반장 1/2큰술, 굴소스 1/2큰술, 소주 2큰술, 다시마물 7큰술

5,000원으로 해결하기

꽈리고추멸치조림
재료 깐멸치 2주먹, 꽈리고추 2줌, 멸치육수 1컵 반, 간장 2/3컵, 꿀 2큰술, 다진마늘 1/2큰술, 다진생강 1/3큰술, 올리고당 1큰술, 통깨

꽈리고추찜
재료 꽈리고추 2줌, 대파 1/2개, 밀가루 **양념장** 고춧가루 1큰술, 간장 4큰술, 설탕 1/2큰술, 다진마늘 1큰술, 참기름 1큰술, 통깨

깻잎순조림
재료 깻잎순 2~3줌, **양념장** 대파 1/2개, 청양고추 1개, 홍고추 1개, 간장 3큰술, 설탕 1/2큰술, 소주 2큰술, 다진마늘 1큰술, 다진생강 1/3큰술

깻잎순볶음
재료 깻잎순 2~3줌, 홍고추 1개, 대파 1/2개, 양파 1/4개, 들기름 1큰술, 다진마늘 1큰술, 들깻가루 1큰술, 통깨

묵은지참치볶음
재료 묵은지 1/4포기, 참기름 1큰술, 설탕 1/2큰술, 참치캔 1개

일주일 국/찌개 만들기

된장찌개
재료 멸치육수 1,000ml, 감자 1개, 양파 1/2개, 애호박 1/2개, 두부 반 모, 청양고추 2개, 홍고추 1개, 대파 1/2개, 된장 1큰술, 다진마늘 1큰술, 팽이버섯, 고춧가루 1큰술

돼지고기김치찌개
재료 두부 반 모, 청양고추 1개, 홍고추 1/2개, 대파 1/2개, 묵은지 1/4포기, 참기름 2큰술, 돼지고기 앞다릿살 200g, 다진마늘 1큰술, 다진생강 1/3티스푼, 소주 1큰술, 설탕 1/2큰술, 콩나물 2줌, 고춧가루 1큰술

황태국
재료 두부 반 모, 청양고추 1개, 홍고추 1개, 대파 1/2개, 황태 2줌, 간장 1큰술, 소주 1큰술, 콩나물 2줌, 다진마늘 1큰술, 새우젓 1/3큰술, 소금

감자국
재료 멸치육수 1,300ml, 감자 2개, 양파 1/2개, 청양고추 2개, 대파 1/2개 **양념장** 고춧가루 2큰술, 새우젓 1큰술, 다진마늘 1큰술, 간장 1큰술, 소주 1큰술

배추된장국
재료 멸치육수 1,300ml, 배추 6~7장, 양파 1/2개, 청양고추 2개, 홍고추 1/2개, 대파 1/2개, 된장 1큰술, 다진마늘 1큰술, 소금

바지락탕
재료 바지락 5~6주먹, 무 1토막(1cm 정도 두께), 굵은 소금 2큰술, 양파 1/4개, 청양고추 2개, 홍고추 1개, 대파 1/2, 다시마 1장, 다진마늘 1/2큰술, 다진생강 1/2티스푼, 소금

오징어뭇국
재료 오징어 큰 것 기준 1마리, 무 1토막(2cm 정도 두께), 양파 1/4개, 청양고추 1개, 홍고추 1/2개, 대파 1/2개, 고춧가루 1큰술, 소금 1티스푼, 다진마늘 1큰술, 간장 1큰술

해물된장찌개
재료 멸치육수 1,000ml, 바지락 1주먹, 꽃게 1마리, 양파 1/2개, 감자 1개, 대파 1/2개, 청양고추 1개, 홍고추 1/2개, 된장 1큰술, 다진마늘 1큰술, 다진생강 1/2티스푼

순두부찌개

재료 순두부 1봉(약 400g), 바지락 1~2주먹, 다진 돼지고기 150~200g, 팽이버섯 1주먹, 간장 1큰술, 소주 2큰술, 다진마늘 1큰술+1큰술, 다진생강 1/2티스푼, 양파 1/2개, 청양고추 1개, 홍고추 1/2개, 대파 1/2개, 고춧가루 1큰술, 멸치액젓 1큰술, 새우젓 1/2큰술, 달걀 1개

소고기미역국

재료 소고기 200g, 건미역 2/3컵, 참기름 2큰술, 다진마늘 1큰술, 다진생강 1/3큰술, 간장 1.5큰술, 소금

참치김치찌개

재료 참치캔 1개, 묵은지 1/4포기, 청양고추 1개, 홍고추 1/2개, 다진마늘 1큰술

빨간어묵국

재료 멸치육수 1,300ml, 사각어묵 4장, 양파 1/2개, 청양고추 1개, 대파 1/2개, 다진마늘 1큰술 양념장 고춧가루 1/2큰술, 고추장 1큰술, 간장 1큰술

홍합탕

재료 홍합 1kg, 대파 1/2개, 양파 1/2개, 청양고추 1개, 홍고추 1/2개, 다시마 1장, 다진생강 1/3큰술, 소주 2큰술, 다진마늘 1큰술, 후추

떡만둣국

재료 떡 1컵 ~ 1컵 반, 만두 약 10~12개, 멸치육수 1,300ml, 양파 1/2개, 청양고추 1개, 홍고추 1/2개, 대파 1/2개, 당근 1/4개, 다진마늘 1큰술, 간장 1큰술, 달걀 1개

고추장찌개

재료 돼지고기 목살 200g, 느타리버섯 1줌, 양파 1개, 감자 1/2개, 청양고추 1개, 홍고추 1/2개, 대파 1개, 고추장 1큰술 + 2큰술, 고춧가루 1큰술, 매실액 1큰술, 간장 1큰술, 소주 1큰술, 다진마늘 1큰술, 다진생강 1/3큰술, 참기름 1큰술, 올리고당 1큰술, 소금, 후추

갈비탕

재료 소갈비 900g, 무 1/3개, 양파 1개, 대파 1개 + 1/2개, 생강 1톨, 통마늘 1주먹, 소주 1컵, 간장 2큰술, 다진마늘 1큰술, 대추 1주먹, 후추

소고기뭇국

재료 소고기 양지 300g, 무 1토막(2~3cm 두께), 대파 1/2개, 다시마 1장, 간장 2큰술, 소금 1/3큰술, 다진마늘 1큰술

청국장

재료 묵은지 1줌, 청국장 1개(약 200g), 두부 반 모, 멸치육수 1,300ml, 대파 1/2개, 청양고추 1개, 다진마늘 1큰술

육개장

재료 소고기 양지 또는 홍두깨살 450~500g, 무 1토막(2~3cm 정도 두께), 양파 1/2개, 대파 2개, 고사리 1줌, 토란대 1줌, 느타리버섯 1줌, 고춧가루 2큰술, 다진마늘 1큰술 + 1/2큰술, 간장 2큰술, 참기름 1큰술 + 2큰술, 소주 1큰술, 후추

닭고기미역국

재료 닭 1마리, 양파 1/2개, 대파 1/2개, 생각 1톨, 통마늘 10알, 소주 1/2컵, 미역 1줌, 간장 2큰술, 소금, 후추

김치콩나물국

재료 묵은지 1줌, 멸치육수 1,300ml, 콩나물 2줌, 청양고추 1개, 대파 1/2개, 고춧가루 1큰술, 다진마늘 1큰술

미역오이냉국

재료 오이 1개, 건미역 1주먹, 양파 1/4개, 청양고추 1개, 홍고추 1/2개, 다진마늘 1/2개, 설탕 2큰술, 소금 1/2큰술, 식초 4~6큰술, 통깨

어묵국

재료 멸치육수 1,200ml, 사각어묵 4장, 무 1/4개, 양파 1/2개, 대파 1/2개, 청양고추 2개, 다진마늘 1큰술, 다진생강 1티스푼, 소주 1큰술

**구름이네 맛집
일주일이 행복한 만원 반찬**

초판 1쇄 발행 2020년 8월 28일
초판 6쇄 발행 2023년 5월 31일

지은이 이선영
펴낸이 권기대

펴낸곳 베가북스 **출판등록** 2021년 6월 18일 제2021-000108호
주소 (07261) 서울특별시 영등포구 양산로17길 12, 후민타워 6~7층
주문·문의 전화 (02)322-7241 팩스 (02)322-7242

ISBN 979-11-90242-54-7

> 이 책의 저작권은 지은이와 베가북스가 소유합니다. 신저작권법에 의하여 한국 내에서 보호받는 저작물이므로 무단 전재와 복제를 금합니다. 이 책 내용의 전부 또는 일부를 이용하려면 반드시 저작권자의 서면 동의를 받아야합니다.

* 책값은 뒤표지에 있습니다.
* 잘못된 책은 구입하신 서점에서 바꾸어 드립니다.
* 좋은 책을 만드는 것은 바로 독자 여러분입니다.
  베가북스는 독자 의견에 항상 귀를 기울입니다. 베가북스의 문은 항상 열려 있습니다.
  원고 투고 또는 문의사항은 vega7241@naver.com으로 보내주시기 바랍니다.
* 베가북스에 대한 더 많은 정보가 필요하신 분은 홈페이지를 방문해주시기 바랍니다.

e-Mail vegabooks@naver.com **홈페이지** www.vegabooks.co.kr
블로그 http://blog.naver.com/vegabooks
인스타그램 @vegabooks **페이스북** @VegaBooksCo